LE

CHATEAU DE HAM.

LE
CHATEAU DE HAM

SON HISTOIRE, SES SEIGNEURS ET SES PRISONNIERS.

PAR

J.-G. C. DE FEUILLIDE.

C'est un noble parti, quand on aime la gloire, que de s'attacher au malheur.

CHATEAUBRIAND.

2e ÉDITION.

PARIS.
A la Librairie de DUMONT, Palais-Royal, 88.

1842

On croira devoir, peut-être, s'enquérir des causes et du but de cette publication.

Les voici, loyalement et simplement :

Les partis de son temps que l'auteur de ce livre a suivis activement à l'œuvre, soit dans leurs luttes, soit dans leurs triomphes, soit dans leurs fautes, dont, hélas ! il a pris sa part ;

Ce qu'il a connu de la stérile instabilité des uns, de l'immobilité sépulcrale des autres, des envieuses médiocrités de ceux-ci, des ambitions exclusives de ceux-là, et de l'impuissance constitutive de tous ;

Les hommes qu'il a vus, — ceux même qu'il reconnaît pour les meilleurs, — se casemater superbement dans l'adoration de leur individualité, et dans l'infaillibilité de leur orgueil;

Les droits de tous et de chacun, pour lesquels nous combattions hier encore avec ardeur et avec intelligence, et qui, après avoir mis plus de huit siècles à aboutir même imparfaitement, se laissent aujourd'hui aveuglément et lâchement refouler en arrière;

Les deux principes de liberté et d'autorité qui ont été alternativement tendus, — le premier jusqu'à l'anarchie, despotisme de la foule! le second jusqu'au despotisme du pouvoir, autre anarchie!

Les trésors de la France qui s'épuisent en des impôts sans terme, sans mesure, sans but glorieux ni utile, et seulement pour amollir des résistances, calmer des frayeurs et satisfaire des ambitions et des cupidités;

L'antagonisme et l'hébétement des intérêts

matériels qui renouvellent et multiplient, sous une autre forme, l'antique morcellement de cette unité nationale dont la formation a coûté à la France tant de siècles et d'efforts;

L'abaissement et la déconsidération, dans lesquels le peuple, le plus soucieux naguère des intérêts permanents de sa prépondérance et de sa gloire, se laisse pétrir en vue des terreurs, vraies ou fausses, des intérêts égoïstes et passagers des hommes qui le gouvernent;

Toute cette espèce d'organisation du désordre, à laquelle s'évertuent les partis qui se sont fractionnés jusqu'à devenir imperceptibles, et le pouvoir, qui se sent chanceler jusqu'à se prendre, pour se retenir, au fer rouge de l'arbitraire;

Toutes ces choses, tous ces partis, tous ces hommes ont fait un Libre Penseur de celui qui écrit ces pages.

Guéri de toute illusion, dédaigneux de toute colère, libre de tout engagement, il s'est mis à l'écart de ce conflit d'intérêts avides et d'individualités superbes, où l'intelligence ne sait à quoi se prendre ni le cœur à qui s'attacher; et il a secoué la poussière des chemins qu'il avait parcourus, sans trouver la solution du problème politique et social qui, dans sa pensée, se réduit simplement à ces termes : —

« Sous quelque forme de gouvernement que ce soit, et, sur un espace donné, procurer au plus grand nombre d'hommes qu'il se pourra la plus grande somme possible de perfectionnement moral, de développement intellectuel, de bien-être physique et de libertés, compatibles avec le degré acquis de perfectibilité sociale et humaine. »

Isolé dans son amour de la patrie, comme sur un lieu élevé où n'arrivent ni les terreurs, ni les prétentions, ni les haines de la mêlée politique et sociale, — il s'est mis, comme il l'avait longtemps fait, à étudier les hommes et les événements du passé, pour leur demander la condamnation du présent et les enseignements de l'avenir. En même temps, il a tenu l'œil et l'oreille ouverts à toutes les lueurs, à tous les bruits qui pouvaient surgir encore dans quelque point du ciel, espérant y découvrir l'issue qui serait ouverte, de nos jours, à la lutte engagée entre tant de passions diverses et d'intérêts opposés.

Mais, hélas! quand une société est livrée au doute, elle n'est plus qu'une négation et elle appartient à l'erreur, parce que l'erreur est la négation de toute chose. Ce n'est donc ni dans les principes qui dominent, ni dans les hommes qui gouvernent, ni dans les intérêts qui sont représentés, qu'il faut chercher alors, si l'on veut trouver l'idée vraie en politique et en sociabilité, c'est-à-dire, la fin de la lutte. Elle n'y saurait être. Si elle y était, la société, par cela seul et au même instant, aurait cessé d'être ce qu'elle est : — le triomphe de l'erreur, une négation!

Lorsque les Athéniens applaudissaient aux fureurs d'Anitus suscité par les prêtres des dieux de la Grèce et des dieux étrangers, — l'Idée vraie et philosophique de ce temps ne se trouvait ni dans l'Aréopage, ni dans le peuple; elle était dans la prison, où, devisant avec ses amis de l'immortalité de l'âme et du Dieu inconnu, Socrate recevait la ciguë des mains du serviteur des Onze.

Lorsque les Scribes, les Pharisiens et les marchands, sous la protection du tribut payé à César, étaient la loi et les prophètes dans le royaume d'Israël,—l'Idée vraie et divine n'habitait ni avec eux, ni avec les Docteurs de la loi, ni avec les Princes des Prêtres, ni avec les officiers de l'Empereur; honnie, méconnue, flagellée, elle affirmait sa mission de rédemption au sommet du Golgotha.

Dans les siècles où la civilisation païenne, sans ardeurs, sans croyances, accessible à tous les doutes, s'enveloppait, pour mourir au pied de ses Dieux de chair et d'or, dans son luxe et dans sa corruption frivole et froidement cruelle, —l'Idée vraie et humaine n'était ni dans le Sénat, ni dans le Prétoire, ni sur les gradins du Cirque, ni dans les palais des Césars; elle portait témoignage contre l'erreur dans les cachots où elle souffrait, dans les catacombes où elle priait, dans les arènes où elle mourait.

Quand la science de la physique parlait à tout l'univers, avec approbation et privilége de Rome, le langage de l'ignorance et de l'erreur sur le système du monde;—l'Idée vraie et scientifique était reléguée avec Galilée dans les cachots de l'Inquisition, où l'erreur orthodoxe la condamnait à faire pénitence et à se rétracter.

Et, aux jours où le Directoire s'efforçait, par ses proscriptions, de retenir la France sous les égoûts de la corruption, où elle s'énervait dans le mépris de toute pudeur, —l'Idée vraie en politique, en morale, en sociabilité, ou du moins les principes d'où elle devait renaître un jour, se trouvaient-ils dans les orgies du Luxembourg et de Grosbois, ou bien dans les lieux de déportation ouverts à toutes les tentatives généreuses, à tous les nobles élans vers un meilleur ordre de choses, dont le Consulat fut la première et glorieuse période?

Naguère, enfin, au moment où, après ses désastres, la France était livrée, en toute chose, à l'envahissante prépondérance des idées anglaises qui, à cette heure, expient leur expansion désordonnée, — n'est-ce point à Sainte-Hélène que mourait captif, incompris, insulté, le glorieux et patriotique représentant de l'Idée Française, qui s'indigne, réagit et comprend enfin que la proscription a porté précisément sur le seul et véritable esprit de la grandeur et de la force de la France?

C'est donc bien le sort de toute vérité, de n'arriver aux nations que du fond d'un cachot ou du haut d'un calvaire!

La persécution est donc bien l'éternelle et

providentielle fournaise, où la vérité s'épure et se fortifie, la pierre de touche qui en doit attester le titre et la valeur !

C'est donc bien aussi l'honneur et le salut de la nature humaine, que la vérité, en protestant et en souffrant sans cesse, prépare l'affranchissement, au moment même où elle subit le joug!

C'est donc bien encore une chose logique et simple à la fois que, dans les époques où tout est nuit et incertitude, les yeux qui cherchent la vérité et le droit, se tournent, même par instinct, à défaut de tout autre sentiment, vers les lieux d'exil et de captivité. Si les hommes, *qui s'agitent*, disent dans leurs passions : « Ces lieux sont le tombeau du droit et de la vérité ! » Dieu, *qui les mène*, a répondu bien plus souvent : « ILS EN SONT LE BERCEAU ! »

Tel est l'enchaînement d'idées par lequel le *Libre-Penseur* a été conduit à écrire l'histoire de Ham.

Il y a trouvé, d'abord, à satisfaire son amour profond pour les enseignements, que l'étude des événements et des hommes du passé donne au présent et à l'avenir; car il est peu de provinces, de cités, de forteresses dont l'histoire se rattache davantage à l'histoire générale de notre pays.

La ville et le château de Ham, en effet, sont d'une haute, quoique inégale antiquité. La fondation de la ville se perd dans la nuit des premières invasions germaines; la construction, ou, pour mieux parler, la reconstruction du château remonte au XVe siècle.

Légions des Césars et camps retranchés; — désordres et ténèbres de la conquête franque; — domination des évêques et des abbés; — usurpation des fiefs sous la seconde race; — expansion, en droit et en fait, de l'individualisme féodal et du principe de résistance; — guerres entre vassaux; — rébellions et félonies contre le suzerain; — effets dissolvants de la loi des fiefs par l'admission des femmes à l'hérédité ; — fondations d'églises, donations aux abbayes, ou main-mise des hommes d'intelligence sur les conquêtes faites par l'épée ; — chartes et affranchissement des Communes, favorisés par le mouvement des Croisades ; — grandes luttes soutenues pour la formation de l'unité nationale ; — lésions faites à l'intégrité du territoire, par l'appel à l'étranger, qui était entré dans le droit féodal de la guerre civile ; — *Légendes* et représentations de *Mystères*, de *Soties* et de *Moralités ;* — cession de villes et de forteresses pour acheter des paix honteuses ; — réactions sanglantes de la royauté contre les révoltes et les trahisons des grands feudataires ; — siéges vaillamment soutenus ; — pillages et massacres ; — guerres de religion ; — réunions à la couronne ; — courageuse résistance aux invasions de l'étranger ; — captivités par lettres de cachet, par commissaires et par cours de justice, pour rompre des mésalliances, étouffer des intrigues galantes, mater des résistances politiques, servir des réactions populaires ou affermir des dynasties; — tous les faits, en un mot, qui caractérisent les phases diverses que la société française a traversées pour éclore et se développer, depuis l'époque gallo-romaine jusqu'à nos jours, se sont produits dans les événements dont la ville et le château de Ham ont été, tour à tour ou simultanément, le théâtre.

D'un autre côté, et il l'avoue franchement, le *Libre-Penseur* a cru y voir la plupart de ses pensées de recherches, touchant l'issue des luttes sociales et politiques de notre siècle, prendre une forme, un corps, pour ainsi dire, et sortir des domaines du rêve pour entrer dans les champs du possible. — Il lui a été envoyé là une de ces rares fortunes que Dieu se plaît quelquefois à jeter sur les pas du voyageur qui cherche sa route. Il s'est trouvé face à face avec le neveu de Napoléon, durant quelques heures que ce prince a noblement remplies par une de ces intelligentes et franches causeries que l'esprit ni le cœur ne peuvent oublier.

Le *Libre-Penseur* était entré au château de Ham, indifférent, réservé, et, le dira-t-il? défiant peut-être, et tout résigné, au besoin, à s'en retourner avec la même indifférence et un mécompte de plus ; — comme un logicien qui, habitué à des mécomptes, ne cherche que la solution d'un problème dont on ne lui a montré jusque-là que des prémisses sans nombre.

Mais, quand il a vu et entendu le prince Napoléon légitimer et s'assimiler, par l'élévation, la libéralité et le patriotisme de ses idées, l'illustration que ce prince tient du chef de sa race;

Quand il a vu que, là, — séparé par les murs d'une prison d'État, de tout ce monde d'ambitions, de cupidités, d'égoïsmes sans entrailles, qui, en maître et en toute liberté, étreint, amoindrit et dévore ce beau pays de

France, — il avait devant lui un noble jeune homme qui aimait mieux mourir lentement, chaque jour, de sa vie de captif sous le ciel de la patrie, que vivre sous le ciel de l'étranger sa vie heureuse et fêtée, au milieu de toutes les joies que donnent la jeunesse, la fortune et un nom, le plus grand parmi les hommes que la terre ait jamais prononcé;

Lorsqu'il s'est pris à penser que notre société morale et politique était en proie à cet égoïsme triomphant, dans lequel l'enthousiasme, le dévouement et la foi s'en vont se perdre chaque jour, avec les dernières idées de désintéressement et de devoir, — et que, pourtant, jeunesse, fortune, illustration, liberté, les plus beaux dons de Dieu en ce monde, étaient mis, là, dans une prison, courageusement et noblement, au service de l'affirmation et de l'incarnation d'une puissante idée : de cette Idée Napoléonienne, qui a fait la France si grande, qui s'est heurtée à la fatalité avant l'entier accomplisssement de son œuvre, dont la gloire nous a longtemps voilé la fin civilisatrice, mais que la France respire encore par tous ses instincts, et dont vivent, en la calomniant, les hommes qui s'en sont emparés pour la raccourcir à leur taille;

Lorsqu'enfin, comparant ce passé si haut du Consulat et de l'Empire à notre présent si abaissé, il s'est dit que si ces brillantes époques pouvaient bien ne pas être le dernier mot des progrès d'une nation, elles n'en étaient pas du moins la négation immorale et honteuse, et qu'elles attestaient, haut et clair, le mouvement, la force, l'intelligence et la vie d'un grand peuple...

Oh! alors, il l'avoue, l'auteur de ce livre est sorti du château de Ham le cœur aussi plein que l'esprit; tout chancelant à la fois d'émotions et de pensées, comme un homme qui vient de voir un grand cœur aux prises avec une haute raison.

Il s'est dit que, dans cette infortune si dignement supportée pour l'amour intelligent de la patrie, il y avait un spectacle que, pour l'édification de tous, il fallait mettre en regard de ce pugilat effronté d'ambitions et de cupidités qui, se disputant nos dernières libertés et notre dernier écu, nous conduisent à la banqueroute par la honte et par le despotisme.

Ne pouvant faire passer toute la France par le château de Ham, il s'est résolu en lui-même de faire aller le château de Ham à toute la France. Les choses qu'il lui a été donné de voir et d'entendre seront donc racontées par lui dans cet essai historique, à leur date, fidèlement, simplement, comme il les a vues et entendues, sans se préoccuper des intérêts qu'il pourrait froisser ou servir, ni des sympathies ou des colères qu'il pourrait soulever.

Ces pages ne veulent donc être et ne seront, en effet, que ce que sont sous la main de Dieu ces graines des arbres et cette poussière des fleurs, que le vent de la nuit emporte sans savoir où, mais qui tombent comme il plaît au Seigneur; — ici, sur des rochers arides où elles meurent; là, sur un coin de terre où le soleil et l'eau du ciel les fécondent pour les desseins de Dieu.

LE

CHATEAU DE HAM,

SON HISTOIRE, SES SEIGNEURS ET SES PRISONNIERS.

C'est un noble parti, quand on aime la gloire,
que de s'attacher au malheur.

CHATEAUBRIAND.

HERBERT DE VERMANDOIS.

I.

LE COMTE HERBERT DE VERMANDOIS.

Origine de Ham. — Tombeau gallo-romain. — Bornières et invasion franque. — *Ly* HON *sang terre.* — Principes du maire Ebroïn en matière d'impôts. — Défaite de Berthaire et de Thierry Ier. — Le pays Hamois du VIe au IXe siècle. — Le comte Herbert de Vermandois. — Lignée bâtarde de Charlemagne. — Ambitions et haines de famille. — Charles-le-simple enfermé à Ham. — Fuite de la reine Ogine et de son fils Louis en Angleterre. — Mort honteuse de l'usurpateur Raoul. — Louis-d'Outremer sur la grève de Boulogne. — Etrange retour de la fortune des princes. — Un autre Louis à Boulogne. — Révoltes du comte Herbert. — Son châtiment et ses remords. — Désordres de la reine Ogine. — Ham et ses seigneurs perdus dans les ténèbres des derniers Carlovingiens.

Si l'on en croit les habitants de Ham, le tertre couronné d'arbres que, du haut de la grosse tour du château, on voit dominant les bois à l'horizon entre les routes de Noyon et de Chauny, serait un vestige irrécusable de la domination romaine.

Le *Tomberlan,* comme l'indique son éthymologie latine, serait un tombeau, et, dit-on, un tombeau de chef gallo-romain puissant, parce qu'il forme un tertre fort élevé, et qu'en ce temps, chaque soldat étant tenu de porter sa charge de terre sur la tombe de son général, la grandeur et l'étendue du commandement peuvent se mesurer à la hauteur et à l'étendue de la masse de terre qui le recouvre. Si l'identité historique, enfouie dans les ténèbres du passé, peut sembler quelque peu vague et contestable, il faut convenir du moins que la conclusion, tirée par induction logique, ne saurait l'être.

Du reste, ce qui l'est moins encore, et ce qui vient en aide aux traditions locales, c'est qu'un demi-siècle avant l'ère chrétienne, les légions romaines s'étendirent sur les bords de l'Aisne et de la Somme. Or, par sa situation stratégique entre un fleuve et des marais, le lieu où la ville de Ham est construite a dû faire partie des lignes fortifiées qui reliaient les uns aux autres les camps retranchés, entre lesquels on sait que la domination romaine avait enserré les villes et les populations des Gaules.

Si, même, ce n'est point à quelques travaux fortifiés de ce genre que Ham doit sa fondation, il est très probable qu'il la doit, comme Nesle et Chauny, à la construction de quelqu'un de ces châteaux appelés *bornières,* qui, aux époques des invasions des races franques, germaines ou normandes, et des courses et des pilleries féodales, servaient à borner et à protéger les territoires des villes et des provinces. C'est ainsi que les *marches* ou *marquisats* servirent à indiquer et à défendre les frontières des grandes suzerainetés. Dans l'ancienne division de la France, en effet, Ham est la première ville de Picardie qu'en sortant de l'île de France on trouve à l'entrée du Vermandois.

Quant à l'éthymologie de son nom, qui, dans les vieilles histoires, s'écrit indistinctement Han ou Hen, il n'en reste point de traces. Tout ce qu'on en pourrait avancer, en se prêtant de bonne grâce à toutes les supputations possibles des corruptions et abréviations des mots durant l'enfance des langues, ce serait que ce mot de Hen ou Han pourrait à la rigueur venir de *Ly* HON *sang terre*, nom que les Picards donnèrent à l'endroit de leur pays où se livra la formidable bataille dans laquelle, sous le roi Dagobert, les Huns « *furent taillés en pièces, avec tant de perte de leurs gens, que toute la campagne en était couverte et nageait dans le sang.* »

Cette éthymologie serait de même source que celle du mot *picard* rapportée par Jean Corbichon, qui écrivait vers l'an 1570 : — *Les soldats de ce pays se servoient de dards et de piques plus qu'autres bastons, pourquoi aulcuns les appellent* PICARDS.

Jusque vers la fin du IXe siècle, Ham demeure enveloppé dans les ténèbres amoncelées par les désordres, les déchirements et les ruines de la première race.

Dans le nord-ouest de ses environs, toutefois, vers St-Quentin, le lieu où s'élève aujourd'hui le village de Testry est remarquable par la bataille qu'en 690 Pepin, gouverneur d'Austrasie, y livra au roi de France Thierry Ier, ou plutôt à Berthaire, le maire du palais. Complices, non toujours irresponsables, que les assemblées du Champ de Mai avaient donnés à la fiction de l'inviolabilité des tyrannies et des cupidités royales, les maires du palais étaient en ce temps une sorte de ministres constitutionnels. Maire du palais de Thierry, Berthaire, *petit homme et grand brouillon*, mit en pratique, avec une habileté et une ardeur qui lui valurent l'affection de son maître, la maxime gouvernementale que, deux règnes auparavant, le maire Ebroïn avait eu, le premier, l'honneur d'intrôniser en France, et qui, malgré tant de siècles de tempêtes et de châtiments accumulés sur elle, fleurit encore de nos jours dans le superbe épanouissement d'une sève nouvelle, et semble destinée à faire pour jamais partie des principes organiques de la monarchie française. Sous Clotaire III, qui en devint odieux et qui en mourut au monastère de Chelles, ç'avait été la maxime d'Ébroïn, qui en mourut aussi rasé au monastère de Luxeuil, — « *qu'il fallait lever des impôts toujours et sans nécessité, afin de tenir continuellement en état de pauvreté le peuple, qui sans cela regimbe*, disait-il, *quand il se sent trop à l'aise.* » Sous Thierry Ier ce fut là aussi la maxime de Berthaire ; et le roi et le ministre en furent punis par la honte et les désastres de la défaite que leur fit éprouver, aux environs de Ham, le gouverneur Pepin, suivi de tous les Français qui étaient allés auprès de lui en Austrasie, chercher un refuge contre les exactions et les tyrannies du ministre qui s'abritait du roi, et contre celles du roi qui s'abritait du ministre. Le roi fut contraint d'abandonner son maire du palais, heureux de devoir la liberté et la vie au respect que Pepin eut pour son titre, sacré encore dans ce temps. Le maire du palais tomba dans un tel mépris que les siens mêmes le tuèrent bientôt après, dans une conspiration où se trouva mêlée sa propre belle-mère, femme de Varenton, le précédent maire du palais de Thierry.

En 876, du temps de Rancelin, évêque de Noyon, Ham était la capitale d'une contrée qui s'appelait le pays *Hamois*, et qui dépendait alors de ce même diocèse de Noyon, dont l'érection en siége épiscopal remonte à 531. On est donc en droit de penser que, du VIe au IXe siècle, le territoire et la ville de Ham, comme le fit la presque généralité des grandes villes de France, durent se mettre sous la protection et l'administration temporelle de l'Église. Durant cette période désolée, où tous les éléments de la civilisation étaient en décadence et en transformation ; où la société était sans force et sans forme arrêtée; où le désordre était partout dans la vie civile, parce que l'autorité n'y était nulle part ; où le régime municipal n'était plus qu'un débris de l'empire romain ; où la féodalité était encore dans le chaos; où la royauté n'existait que de nom, — seule, en effet, l'Église avait une forme et une constitution, possédait à la fois le mouvement et l'ordre, la force et la règle, c'est-à-dire tout ce qui constitue et légitime le gouvernement.

Mais la ville de Ham ne dut point tarder à

trouver sa part de misères dans les déprédations auxquelles les seigneurs temporels se livrèrent contre les seigneurs spirituels et les fiefs de l'Église, et dans les usurpations de domaines et de titres, dont les faibles descendants de Charlemagne se laissèrent arrracher l'hérédité.

Aux dernières années du IXe siècle, en effet, la ville et le territoire de Ham font partie des possessions de la maison carlovingienne de Vermandois. On les voit occupés par Herbert II, ce fameux comte de Vermandois et de Troyes, que Raoul Glaber et Frodoart nomment Héribert. Cruel et fourbe vassal qui se montra en toute chose le digne petit-fils de Bernard, roi d'Italie, de ce bâtard de Pepin, fils de Charlemagne, qui voulut faire revivre la loi de succession de la première race, sous laquelle la légitimité de naissance ne constituait point un droit, et que Louis-le-Débonnaire fut réduit à faire décapiter pour ses révoltes et pour ses trahisons! En ce temps-là, aussi bien que du nôtre, sans doute, les princes comprenaient et se léguaient d'une génération à l'autre les ambitions avec les haines de famille. Ce que le roi Bernard n'avait pu mener à fin contre l'empereur Louis, le comte Herbert le recommença contre

Charles-le-Simple. Le petit-fils du bâtard de Charlemagne poursuivit sur le petit-fils de l'enfant légitime de cet empereur l'œuvre de spoliation que la lignée bâtarde avait commencée un siècle auparavant.

Le comte Herbert tint longtemps dans ses mains la couronne et la vie de Charles-le-Simple. Mais il n'osa ou ne put ravir que la seconde ; et, sans plus d'audace et de pouvoir, il remplit de ses révoltes le règne de Raoul, qui était l'usurpateur de la première, et le commencement du règne de Louis-d'Outremer, qui lui fit le sort que Louis-le-Débonnaire avait fait à Bernard. Le petit-fils légitime traita le petit-fils bâtard comme l'aïeul bâtard avait été traité par l'aïeul légitime. L'hérédité d'ambition trouva au bout du chemin l'hérédité de châtiment.

Ce furent d'abord, en compagnie du comte de Flandres, des courses et des pilleries sur les terres de Foulques, archevêque de Rheims ; et celui-ci, pour avoir résisté aux abus que le comte se permettait sur les biens de l'Église, fut assassiné dans un bois, comme il revenait de Compiègne, où était la cour, par Vinomach de Lille, vassal de Beaudouin.

Ce furent ensuite de vaillants coups de lance,

lorsque l'autorité royale se trouva guerroyée par tous les seigneurs de la Neustrie et de l'Aquitaine, engagés dans la ligue formée par Henri de Saxe et Robert de Paris contre Charles-le-Simple. — Malheureux roi, balloté entre tant d'ambitions orgueilleuses, fourbes et cupides! qui n'avait plus, pour se conduire, que son ministre Haganon, et à qui, pour avoir plus vite et meilleur marché du roi, les vassaux révoltés voulurent arracher son ministre, homme d'intelligence qui, dans ces temps où la force brutale donnait l'empire, fut méprisé pour sa naissance obscure, envié pour son mérite et son élévation, redouté pour son habileté et son énergie, et haï plus encore peut-être pour son orgueil de parvenu qui ne sait point se faire pardonner sa fortune!

Peut-être le comte Herbert était-il encore alors un feudataire loyal? Ou, bien plutôt, traître cauteleux attendant l'heure, — comme ce prince du sang qui a appelé *faire-le-mort* une conspiration de quinze années, — le comte Herbert ne vit-il dans sa belliqueuse fidélité qu'un moyen de faire servir le nom et les armes du suzerain, qu'il voulait renverser pour son compte, à réduire des prétentions rivales et à déblayer le chemin du trône de toutes les puissantes ambitions qu'il voyait se jeter à la traverse de la sienne.

Tout en ramenant le roi Charles des bords de la Meuse dans sa province de Picardie, où le suivait une armée de Lorrains, le comte de Vermandois pilla les terres de l'Église de Rheims, et satisfit ainsi à la fois et son éternelle convoitise et le courroux du roi contre l'archevêque Hervé qui s'était joint aux seigneurs rebelles.

Aussi, plus tard, quand il eut tué d'un coup de lance Robert de Paris, dont le fils Hugues-le-Grand accourut venger la mort, abandonné des siens, fugitif, sans asile, démis pour la troisième fois de son royaume où Raoul, duc de Bourgogne, venait de se faire sacrer à Rheims,—Charles-le-Simple crut-il pouvoir se fier encore à celui qui, dans la mauvaise fortune, lui avait été déjà un fidèle et secourable vassal. Mais, hélas! tout compte fait cette fois, les profits de la trahison, dans les calculs d'Herbert, l'emportaient de beaucoup sur les bénéfices de la fidélité. Les affaires du roi étaient si piteuses et en si irrémissible voie de perdition, que le comte n'avait plus rien à en attendre pour ses projets, et qu'il y aurait eu fort ridicule imprévoyance à essayer seulement de relever ce qui était si bien tombé sans lui. D'un autre côté, il se disait peut-être que, pris en grande commisération par Henri de Saxe lui même, le roi allait revenir avec des forces capables de punir la révolte des seigneurs. C'était dès lors une raison de plus, pour lui, de ne point aider Charles à ressaisir et à fortifier une autorité qu'il lui serait plus difficile de briser ensuite. Sans doute, Raoul l'avait gagné de vitesse et d'audace dans l'usurpation de la couronne ; mais la force ouverte n'allait plus suffire contre un roi secouru par un allié puissant. Il fallait recourir à la ruse. Herbert, qui savait toute la confiance qu'il inspirait en ce genre, pensa qu'il pourrait stipuler un bon prix pour les services que la révolte allait lui demander. Eh ! qui sait ? peut-être calcula-t-il que, s'il parvenait à s'emparer de la personne du roi, celui-ci rachèterait sa liberté par une abdication d'abord, et ensuite par une renonciation formelle aux droits de la lignée légitime de Charlemagne, en faveur de la lignée bâtarde. De la sorte, légitimée et rendue souveraine de droit, celle-ci, pensait le comte, serait plus volontiers acceptée et obéie des seigneurs, que Raoul, souverain de fait et intrônisé par surprise.

Profitant donc de la garantie que l'offre d'un

nouveau service devait trouver dans des services anciens, le comte de Vermandois enlaça si bien Charles-le-Simple dans le réseau de ses protestations et de ses fourberies, que celui-ci se rendit à Saint-Quentin chez son vassal. Violant alors tout ensemble sa foi et l'hospitalité, Herbert se saisit de son trop confiant suzerain, et le mit d'abord *dans un fort à lui, sur la Somme, près Saint-Quentin*, dit le chroniqueur. Ce château était celui de Ham, d'où il le fit ensuite conduire sous bonne et sûre garde à Château-Thierry, l'une de ses forteresses.

Mais, faiblesse et lâcheté inutiles! non moins impuissante translation! Charles-le-Simple refusa de légitimer la félonie et de créer un droit à l'usurpation. Il n'abdiqua ni pour lui, ni pour sa race. Le comte de Vermandois ne put tuer qu'un homme, auquel le principe devait survivre, quand pour se venger lâchement de cette royale résistance qu'il ne pouvait vaincre, il envoya enfin le malheureux Charles mourir à Péronne, dans cette grosse tour où, cinq siècles plus tard, Louis XI, retrouvant son souvenir et un autre comte Herbert dans le duc de Bourgogne, sera dans des transes mortelles d'y trouver aussi sa captivité et sa fin.

Père encore plus affligé, peut-être, que prince

malheureux, Charles III mourut sans avoir jamais revu son fils Louis, que sa femme Ogine, reine habile et longtemps mère courageuse, emporta dans sa fuite en Angleterre; « déguisant sa con« dition, et, ce qui est plus difficile, dit Mézerai, le « deuil qu'elle avait au cœur et que les femmes mal« aisement peuvent cacher. Voyant son royal époux « réduit en captivité, elle avait bien jugé, comme il « était vrai, ajoute cet historien, que les ligués « avaient dessein d'arracher entièrement la vraie « tige de leurs rois, afin de partager le royaume « entre eux, comme il leur plairait; ou du moins, « quand bien-même ils n'en auraient voulu qu'à « la personne de Charles, ils ne le pardonneraient « point, *par maxime*, à son fils Louis. »

Fuite de reine désolée! terreurs de mère sans asile à travers les dissensions et l'ingratitude de la patrie, qui se sont reproduites de notre temps, et qui forment, pour ainsi dire, le prologue du drame de captivité que nous verrons, à la fin de cette histoire, se dérouler dans ce même château de Ham.

Herbert entra bientôt en révolte contre Raoul, qui, pour intéresser les grands à son usurpation, ne se faisait pourtant pas faute de leur concéder de nouveaux domaines et d'accroître leur domination. Mais le comte de Vermandois ne dut plus voir dans Raoul qu'un usurpateur. Il pensait sans doute qu'après la mort de Charles-le-Simple, la fuite du dernier héritier de la ligne directe de Charlemagne devait être regardée comme une renonciation tacite et de fait, et ouvrait la vacance du trône en faveur des héritiers de la ligne indirecte. Il trouva sans doute aussi que, dans le partage des dépouilles royales, la part qui lui avait été faite n'était proportionnée ni a la grandeur de sa trahison, ni au service qu'il avait rendu à Raoul lui-même. A la surprise du camp d'Arras, en effet, sans Herbert, Raoul blessé eût été pris par les Normands, au moment où ce roi croyait bien pourtant les faire mourir de faim dans le bois où il les tenait bloqués.

Depuis ce moment commencèrent pour la ville de Ham ces vicissitudes d'inféodation, ces changements de souveraineté et ces retours subits de fortune, dont les guerres des vassaux entre eux ou de ceux-ci tous ensemble contre la couronne, ont rempli les derniers règnes des successeurs de Charlemagne. En 932, Hébrard, frère d'Herluin, comte de Montreuil, s'empare de Ham avec l'assentiment et l'aide du roi Raoul. Le comte Herbert le reprend aussitôt sur Hébrard, qu'il fait prisonnier. Raoul, indigné contre cette audace de son vassal vient l'assiéger lui-même, et se fait livrer des ôtages. L'année suivante, le fils d'Herbert reprend la ville d'assaut et n'en sort que pour aller, par représailles contre la couronne, porter le fer et le feu dans le Noyonnais et le Soissonnais, domaines de la prédilection royale. Enfin, le comte de Vermandois obtient une trêve dont il profite pour se venger de quelques arrière-vassaux qui, voulant se soustraire à la hiérarchie que les grands feudataires s'efforçaient d'introduire, avaient déserté la cause du vassal leur seigneur, pour servir sans médiation celle du suzerain.

Cependant, de grands événements venaient de s'accomplir. Raoul qui, *pour avoir été roi injustement*, dit Mézerai, *eut avec justice le destin d'un gueux*, venait de mourir *mangé de poux*, six années après que Charles-le-Simple eut succombé à la captivité, et dans la treizième de son usurpation.

Hugues, qui était assez puissant pour faire un roi, mais qui pensait ne l'être point assez pour le devenir, tant qu'il y aurait un héritier direct de la race Carlovingienne, avait envoyé en Angleterre Anségiste, archevêque de Rheims, pour en ramener le jeune prince Louis, qu'avait emporté la reine Ogine, la prévoyante et courageuse femme de Charles-le-Simple.

Ayant trop éprouvé, comme elle le disait elle-même, la légèreté et la trahison des Français, Ogine ne voulait pas souffrir que son fils allât s'exposer aux embûches et indignités de ceux qui, se disant ses sujets, l'affligeraient plus que ses ennemis. Mais le roi Alstan, oncle du jeune prince, lui remontrait au contraire : « qu'il n'y avait point « de hasards dont une couronne ne dût être achetée ; que ce serait lâcheté à lui de refuser ce que « les mortels briguent en ce monde comme un « rayon de la divinité ; et s'il ne se souciait pas de « régner pour lui, qu'au moins il régnât pour ses « enfants, qui détesteraient à jamais sa mémoire, « s'il laissait perdre un si bel héritage. » Cette exhortation lui ayant rendu le courage que les larmes de sa mère lui avaient ôté, Louis prit congé de son oncle et, en 936, s'embarqua pour revenir en France. Hugues et la plupart des seigneurs français le reçurent en grande magnificence, sur la grève de Boulogne, où ils lui prêtèrent serment de fidélité, louant hautement sa mère de leur avoir soigneusement conservé leur roi.

Etrange et mystérieux retour des destinées des

princes ! A neuf siècles de distance, et an pour an presque, sur cette même grève de Boulogne, devait venir débarquer un autre prince du nom de Louis et dernier héritier d'un nouveau Charlemagne. Sa mère, noble reine et courageuse femme, l'avait entraîné, aussi tout enfant, en exil, au milieu de l'asservissement de la patrie et de la trahison des grands. Il avait appris aussi de sa mère, « qu'il faut être homme avant d'être prince, que l'élévation du rang n'est qu'une obligation de plus envers ses semblables, et que l'infortune noblement supportée rehausse toutes les nobles qualités. » Mais, voyant les malheurs et l'abaissement de la France, il s'était dit aussi que la sauver pouvait seul l'attacher à la vie.

Mais lui, hélas ! comme le dernier descendant du premier Charlemagne, il ne devait point voir accourir à lui, pour le recevoir en grande magnificence et lui jurer fidélité, les ducs, les comtes et les barons que l'illustre chef de sa race avait fait si riches et si puissants. Et, quand il se trouva en face de ces hommes oublieux des bienfaits reçus et des serments prêtés, ce ne fut que pour les entendre le condamner froidement à traîner ses jours, captif, méconnu et calomnié, dans la même forteresse où, neuf siècles auparavant, fourbe, traître et félon, le comte Herbert avait frappé de captivité le père de ce prince Louis qui, treize ans après, retrouva sur la plage de Boulogne et sa couronne et ses serviteurs.

Les sinistres prévisions de la reine Ogine ne tardèrent pas à se réaliser. A peine son fils eut-il été couronné à Laon, le 20 juin de l'an 936, que des rébellions éclatèrent. Persécuteur du père, Herbert, *par maxime* de race et de vassalité, ne pardonna point au fils. Mais l'heure de l'expiation allait enfin sonner pour lui. S'étant, par de nouvelles investitures, assuré le concours d'un arrière-vasselage forcément lié à sa fortune, il se crut assez puissant pour servir ses rancunes en assistant les ambitions de Hugues qui joignit bientôt à ces titres celui de duc de France, et qui, avec le comte Herbert, avait déjà défait le roi devant la ville de Laon. Ainsi, la lignée bâtarde des Carlovingiens était réduite, en désespoir de cause, à se mettre à la suite de la puissante maison de Robert-le-Fort, tige des Capets, pour ruiner et renverser la descendance légitime de Charlemagne. Mais quand la paix eut été conclue entre le roi et *le grand rebelle*, Herbert ne fut point assez puissant pour retirer comme celui-ci, avec augmentation ni même sain et sauf, l'enjeu qu'il avait mis dans la révolte. Bien plus, en ne restant fidèle à Charles-le-Simple que pour écraser, avec le nom et les armes de ce malheureux roi, tous ses concurrents à la couronne, le comte Herbert avait donné une leçon de stratégie politique dont Hugues-le-Grand dut profiter. Après avoir compromis son allié, Hugues dut être le premier à l'abandonner à la colère royale, afin de se servir, comme le comte l'avait enseigné lui-même, du nom et des armes du roi contre ceux qui pourraient lui faire obstacle un jour.

En 945, au dire de quelques chroniqueurs, le comte Herbert de Vermandois fut, par ordre de Louis-d'Outremer, pendu sur une montagne de Picardie qui s'appelle encore le mont Hébert. Etait-ce le fils qui vengeait enfin la captivité et la mort de son père? Etait-ce le Carlovingien en ligne directe et légitime qui émondait de son jet le plus vivace la branche bâtarde s'élançant sans cesse vers les marches du trône? Etait-ce le roi qui faisait sur un vassal félon et rebelle un exemple terrible, mais impuissant en ce temps où le crime de félonie et de rébellion était devenu le fait dominant d'un nouvel état social en travail d'éclosion? Etait-ce le justicier qui, selon la promesse qu'il en avait faite, punissait le lâche assassinat commis, en cette même année, sur Guillaume duc de Normandie, « *fort* « *homme de bien, et qui, s'étant trouvé dans une île sur* « *la rivière de Somme, près de Péquigny, fut assommé* « *un soir en repassant l'eau, par quatre chevaliers in-* « *dignes de ce nom ?* » C'était peut-être tout cela ensemble; mais qui le sait aujourd'hui? D'autres chroniqueurs prétendent que le comte Herbert mourut dans son lit et fut enterré à Saint-Quentin. Peut-être, en effet, Louis-d'Outremer, enseigné par l'exil et comprenant les hommes et les faits de son siècle, pensait-il noblement comme le prisonnier actuel de Ham, qu'il y a « *des événements d'une telle* « *nature, qu'ils sont au-dessus de l'organisation hu-* « *maine.* »

Mais, si le comte Herbert ne fut point exécuté par la main des hommes pour ses crimes, il est certain qu'il le fut par sa conscience, — bourreau implacable qui ne permet point toujours que ceux qui, par leurs trahisons, ruinent la patrie, soient mis par les institutions à l'abri des remords, et conservent la tranquillité dans leur triomphe. Aux approches de la mort, le souvenir de la captivité de Charles-le-Simple se dressa exclusif, incessant et vengeur entre lui et Dieu! Interrogé sur le salut de son âme, dit Raoul Glaber, et sur la disposition de sa maison, il ne répondit jamais que ces mots : « *Nous étions douze qui complotâmes avec serment de trahir le roi Charles!..* »

Combien furent-ils ceux qui complotèrent *avec serment* de trahir Napoléon? Et le souvenir de l'empereur s'est-il dressé aussi entre eux et Dieu, avec leur trahison et les malheurs de la patrie?

Bientôt....— Exemple déplorable de la frénésie des passions et de l'aberration de la raison humaine, dans l'âge même qui doit glacer la première et laisse la seconde sans excuse! Comme si, pour humilier l'orgueil des plus hautes fortunes et montrer qu'elles sont perpétuellement sous sa main, Dieu se plaisait à frapper tout à coup de l'esprit de vertige et de dérèglement les caractères les plus éprouvés et les cœurs jusque-là les plus purs!— Bientôt, Ogine, cette mère si dévouée qui prit si noblement sa part des royales amertumes qu'elle avait prédites et dont elle ne put dissuader son fils d'accepter le calice; cette femme si courageuse qui, animant de son mâle courage ses serviteurs, avait marché et combattu à la tête de ses troupes contre les rébellions dont fut suivie la descente de Boulologne ; la reine Ogine perdit tout à coup la pureté de son âme et les mérites de sa vie entière. A l'âge de soixante-quatre ans, elle s'éprit éperduement d'amour pour Albert ou Adalbert, le fils de ce même comte de Vermandois qui l'avait tenue treize ans en exil, qui avait fait mourir son époux dans une forteresse, et qui, *par maxime*, avait poursuivi et guerroyé, un an durant, son fils devenu roi. « Ne sachant plus couvrir cette ardeur qui s'ac-« croissait d'heure en autre (1), elle se déroba de « la cour avec quelques-uns de ses plus intimes « confidents, et alla à Saint-Quentin, où elle l'é-« pousa, pour désobliger, disait-elle, son fils, « dont elle avait reçu quelque déplaisir. » Hélas ! c'est elle seule qu'elle désobligeait, l'abandonnée ! car elle ternissait, à la fois et en un seul jour, son honneur de reine, ses souvenirs d'épouse, sa tendresse de mère et sa chasteté de femme. Quoique l'époque des passions dévergondées des Frédegonde et des Brunehaut de la première race fut déjà loin, les reines de France n'en étaient pas encore venues à comprendre leur grandeur comme le fit Blanche, la jeune et belle épouse du vieux Philippe de Valois. Recherchée par Pierre de Castille,

(1) Mézerai.

cette princesse disait que « les reines de France ne devaient point épouser de second mari. »

On ne sait plus la part que les comtes de Vermandois, maîtres de Ham, purent prendre encore à cette époque dans les luttes des féodaux aspirant à l'hérédité. C'est à peine si les chroniqueurs enregistrent à la suite les noms de ces maîtres eux-mêmes, pendant le demi-siècle environ que remplirent les règnes de Louis-d'Outremer et de Lothaire, — dont l'un, malgré le châtiment d'Herbert et les armes de l'empereur Othon II, n'eut bientôt plus dans tout son royaume que les foudres de l'excommunication à opposer aux envahissements de son terrible vassal le duc de France ; — et dont l'autre, remplaçant par la loi des apanages la loi germaine des successions qui avait si longtemps coupé la France en autant de royaumes qu'il y avait de fils de roi, jeta les fondements de l'unité du territoire et du rétablissement de la puissance royale. Peut-être, s'il ne fût point mort du poison féodal que, dit-on, Emine sa femme lui versa, ce roi, poursuivant un plus grand dessein, aurait-il amorti la fournaise où une foule innombrable de tyrans fondait le collier de fer, — dans lequel la France tout entière passa la tête, que Hugues-Capet, après avoir été sacré à Noyon, lui riva au cou, et dont bientôt la lignée de ce prince, pour n'en point être étouffée, travailla si opiniâtrement à faire sauter les écrous.

SEIGNEURS ET ABBÉS.

II.

SEIGNEURS ET ABBÉS.

Mort du jeune Louis V, dit *le fainéant*. — Calomnie historique. — Simon, souche des seigneurs de Ham.—Hérédité des filles.—Le châtelain Odon Ier, Raoul de Péronne et Louis-le-Gros assiégent Thomas de Marle dans son château de Coucy.—La porte *Maistre-Odon*. —Hugues de Ham au siége d'Andrinople.—Hommage à grande et petite force. — Humeur pacifique des seigneurs de Ham durant la turbulence de l'époque Capétienne. — L'an mil. — L'esprit de l'Eglise au XIe siècle. — Influence des croisades sur la civilisation. —Affranchissement des communes.—Charte de Ham en 1181. — Donations et fondations pieuses des seigneurs de Ham. — Collégiales. — Paroisses. — Abbés célèbres. — Bref du pape Alexandre III à un chanoine de Notre-Dame de Ham. — Incendie de cette église. — Tombeau d'Odon III. — Fête de saint Vaneng, patron de Ham.

Ce n'est plus qu'en 986 qu'on retrouve un Simon, seigneur de Ham. C'était l'année où, par un de ces coups de fortune qui n'arrivent qu'aux ambitions assez habiles ou assez heureuses pour avoir à leur service *le cancer politique* qui agit à heure dite, le jeune Louis V, empoisonné par la reine Blanche sa femme, comme Lothaire l'avait été par la sienne, toucha en une seule année au trône et au tombeau. Encore plein de jours, d'activité et de valeur, il y emporta cependant le honteux surnom de *Roi Fainéant*.

Comme s'il n'avait point été mis bon ordre à ce que ce dernier né de la race Carlovingienne pût rien entreprendre ni poursuivre des grands desseins que Lothaire lui avait légués! Comme pour attester que l'histoire, cette grande impartiale si vantée, n'est bien souvent que la complice ou l'écho perverti des usurpateurs heureux; et que, pour la part de besogne qui rentre dans ses attributions, s'associant à la consolidation et perpétuité de leur œuvre, elle se charge d'attacher à la mémoire du vaincu, en caractères indélébiles et jusque dans la plus lointaine postérité, ces diffamations et ces calomnies, avec lesquelles l'usurpation et ses partisans commencent par tuer le nom, pour arriver à tuer ensuite et plus commodément l'homme avec le fer, le poison ou la captivité!

Simon, le châtelain de 986, était issu de la grande maison de Vermandois. Il passe pour être le chef de l'ancienne maison seigneuriale de la châtellenie de Ham, démembrée par successions collatérales de la principauté de Vermandois dont elle fit partie. Cette opinion se fortifie des événements accomplis à cette époque. La propriété et l'hérédité des fiefs, longtemps disputées, étaient devenues le fait et le droit du nouvel état social ; et l'universalité de leur légitimation tacite ou expresse est généralement regardée comme la condition de l'avénement de Hugues-Capet à la couronne. Il est donc conforme à la logique et à l'histoire de penser que le seigneur qui se trouva investi de la propriété de Ham, au moment où le grand fait de l'hérédité passait dans les mœurs et dans le droit, est bien celui de qui découle la première transmission régulière et légale qui en fut faite à la maison seigneuriale, que l'on voit se perpétuer durant trois siècles, et fournir treize seigneurs, depuis le successeur direct de Simon, Yrès qui le remplace en 1026, jusqu'à Jean III, mort sans enfants mâles, vers l'année 1374.

Mais, cette nouvelle maison de Ham ne paraît point avoir hérité de l'humeur batailleuse que nous avons rencontrée chez les comtes de Vermandois, ses devanciers sous la première race, et qui caractérisa aussi l'époque de Louis-le-Gros.

C'est à peine si les chroniques disent que le châtelain Odon Ier suivit Raoul de Péronne, son seigneur, au siége que Louis-le-Gros s'en alla mettre, en 1130, devant le château de Coucy, pour châtier le fameux Thomas de Marle, le plus turbulent, le plus hardi, le plus cruel, le plus rebelle des seigneurs de France et le plus expérimenté homme de guerre de ce temps, où il y en eut un si grand nombre de turbulents, de cruels, de rebelles et d'expérimentés. Se fiant à ses grands biens, à son courage et à ses alliances, Thomas de Marle s'était moqué des ordonnances du roi, et jouissait des revenus des meilleurs bénéfices de Picardie, « en quoi, dit un historien, il avait suivi l'exemple de ses ancêtres qui, du temps des rois Raoul et Louis-d'Outremer, étaient parvenus à une telle puissance par les débris de l'archevêché de Rheims. » Sa tyrannie et ses exactions, en un temps d'exactions et de tyrannies, ayant excédé toutes les bornes, Gauldry, évêque de Laon, après l'avoir repris rudement, l'avait excommunié ; — ce dont Thomas de Marle s'était senti si cruellement irrité, qu'il était allé poignarder l'évêque jusque dans son palais épiscopal, et qu'après lui avoir coupé le doigt indicateur, il l'avait exposé à la voirie. Toute l'Église s'était émue d'un si grand crime, et le pape avait envoyé un légat pour en informer et le faire punir. Point n'était besoin que le pape se donnât cette peine. Louis-le-Gros était trop heureux de trouver une aussi légitime occasion de châtier le grand vassal rebelle dans le meurtrier sacrilége. Le roi fit donc faire une effigie à la ressemblance de Thomas, et le dégrada de noblesse. Mais, bien loin de s'humilier, celui-ci avait surpris encore Crécy, Laon, Nogent et autres châteaux, dont partie fut tenue en garnison et partie ravagée et brûlée; mais enfin, poursuivi sans relâche, de Marle était allé s'enfermer dans sa forteresse de Coucy, devant laquelle Louis-le-Gros vint mettre le siége.

Les chroniques disent bien que Raoul de Péronne,—celui-là même qui avait perdu un œil contre Thibaud de Blois qu'il défit, et qui avait à venger sur le châtelain de Coucy l'assassinat de son frère le comte de Chaumont,—blessa mortellement de Marle qu'il fit prisonnier dans une sortie; mais elles ne disent point comme se comporta Odon de Ham. Toutefois, il est à croire qu'il fit quelque vaillante prouesse. En 1411, époque du siége de Coucy, par le comte Valleran de St-Pol, on lit dans Monstrelet, que l'une des portes de cette forteresse s'appelait la porte *Maistre-Odon*, ce qui pourrait faire supposer que ce nom lui fut donné en mémoire de quelque beau fait d'armes du seigneur de Ham.

Cette forteresse de Coucy au demeurant devait avoir toujours été d'une grande importance; car pour l'avoir prise, Raoul de Péronne fut nommé sénéchal par Louis-le-Gros, et le comte Valleran de St-Pôl connétable par Charles VI. Mais étranges revirements des fortunes féodales! De cette même châtellenie de Coucy, qu'un seigneur de la première maison de Ham aide à châtier, nous verrons, près de trois siècles plus tard, sortir le puissant seigneur qui fera de Ham une dépendance de Coucy.

Ville-Hardouin rapporte aussi qu'un nommé Hugues de Ham, *seigneur d'un château de même nom en Vermandois* avait assisté au siége d'Andrinople en l'année 1205. Dans la nomenclature des châtelains de Ham, ce seigneur figure sous le nom d'Odon IV. Mais, hélas! ce noble seigneur et un autre seigneur de Lombardie, nommé le comte Gras, en compagnie de vingt-cinq autres chevaliers *dont l'histoire se tait par honneur,* se laissèrent mettre dans une telle déroute et jouèrent si bien des éperons, que, battus le jeudi soir, ils arrivèrent tous, le samedi, aussi sur le soir, à Constantinople. « Et pourtant, la distance qui séparait ces deux villes, dit le chroniqueur, est, en temps ordinaire, de cinq grandes journées. »

C'est ce même Odon IV qui, en 1214, année de la bataille de Bouvines, fit hommage à Philippe-Auguste, *à grande et petite force, à son mandement;* mais on ignore s'il eut occasion de faire oublier sa retraite d'Andrinople, *un peu trop précipitée.*

Pour ce qui est des autres seigneurs de la maison de Ham qui, née avec la troisième race, disparut avec elle, l'illustration ne semble point leur être venue non plus de leurs grands coups de lance.

On ne les voit point figurer dans les luttes que les successeurs de Hugues-Capet, *batailleurs, hardis,* et *hutins,* entreprirent contre les féodaux, — soit pour ressaisir la plupart des droits de la couronne, dont l'usurpation avait favorisé l'avénement de l'arrière-petit-fils de Robert-le-Fort,—soit pour dégager la royauté, paralysée au centre par la ligue des vassaux immédiats qui la tenaient comme bloquée dans leur enceinte de forteresses élevées à l'entour de Paris. Ils ne tiennent leur place, ni dans les guerres nationales vaillamment soutenues pour maintenir l'honneur et l'intégrité du territoire contre les invasions de l'Angleterre, ni dans le mouvement à la fois religieux et guerrier des Croisades, alors que l'Europe entière, selon l'expression de la princesse

Comnène, *parut comme arrachée de ses fondements et prête à se précipiter sur l'Asie;* ni dans les exterminations sans trève ni merci, dont le fanatisme et la cupidité poursuivirent l'hérésie des Albigeois; ni dans la conquête de Sicile que les Français, accourus à la suite de Charles d'Anjou, expièrent si cruellement au son de la cloche des vêpres du jour de Pâques; ni, enfin, dans aucune des grandes prises d'armes qui, du IXe au XIIIe siècle, ont servi à développer et à fortifier les trois grands principes de l'indépendance de la couronne, de l'affranchissement des communes et de l'unité nationale.

Mais, en retour, les seigneurs de Ham de l'époque Capétienne, s'associèrent presque tous au mouvement pacifique de civilisation qui, durant la troisième race, se produisit et se développa dans les profondeurs de la société, à la faveur même du mouvement désordonné qui en avait envahi la surface.

De même que, par l'interposition de lÉ'glise entre la race conquise et la race conquérante, la France avait dégagé graduellement de la barbarie franque les éléments dispersés de la civilisation gallo-romaine, dont les débris se déployèrent dans les magnificences du règne de Charlemagne ; de même, par l'interposition nouvelle de l'Église entre les populations et les seigneurs de la troisième race, la France commença à dégager de la barbarie féodale le germe des principes nationaux qui, sous les premiers règnes des Carlovingiens, étaient livrés à la plénitude de leur action, mais qui, sous les derniers, avaient été comprimés par les usurpations de la féodalité.

C'est qu'au IXe siècle comme au VIe, le gouvernement, la police et l'administration venaient de l'Église, seule en état d'écouter toutes les plaintes, de satisfaire tous les besoins, et de contenir toutes les passions. Par les conciles provinciaux, fréquemment assemblés, l'Église règle et réforme les mœurs des clercs et des barons; par la promulgation de *la trève de Dieu,* elle impose la paix aux féodaux, toujours prêts à lancer leurs chevaux de bataille pour s'entre-détruire, pour égorger les peuples et rançonner les provinces; par les légendes, elle popularise la puissance morale qui comprime les passions mauvaises dans le cœur, et qui exalte les bonnes en annonçant les châtiments et les récompenses d'outre-tombe; par les abstinences, par les jeûnes répétés deux et trois fois la semaine, en ces temps de dévastations et de famines, elle égalise les privations et ménage les subsistances; par ses maladreries et ses léproseries, elle concentre et étouffe ces affreuses épidémies qui, s'engendrant les unes des autres, décimaient jusqu'aux derniers nés des générations dans les villes et dans les villages; par ses écoles et ses collégiales, elle arrache l'intelligence aux dernières ténèbres qui la menacent, et prépare la lutte de la raison humaine qui, deux siècles plus tard, commença l'œuvre d'affranchissement pour laquelle nous luttons encore dans notre époque; par ses excommunications elles-mêmes, elle émousse le fer de la lance et le tranchant de l'épée dans les mains du baron brutal et sensuel qui ne voulait relever que de lui-même; partout, enfin, elle fonde un principe intelligent d'autorité, elle proclame le triomphe de l'idée et de la morale au milieu d'une société brute et dissolue, et prépare les voies à cette admirable unité catholique qui, sous la dictature pontificale de Grégoire VII, —produit providentiel de la nécessité d'extirper l'anarchie, — sauva la civilisation du monde au moyen-âge.

Cette influence exclusive de l'Eglise dans l'œuvre mystérieuse de la réorganisation politique et sociale, apparaît surtout, dans cette fièvre de constructions dont, aux dernières années du xe siècle et aux premières du xie surtout, furent dévorés les rois et les grands barons de France.

Les invasions des barbares, les maladies et les pestilences, les famines et les bouleversements climatériques qui décimaient les populations et frappaient la terre de stérilité ; la vie des opprimés qui, avec celle des oppresseurs eux-mêmes, ne passait du baptistaire au tombeau qu'escortée de désolations, avait empreint la société d'un profond et indicible sentiment de tristesse. Contre toutes les misères amoncelées par le pillage, le meurtre et les triomphes incessants des passions et de la force brutales, il n'y avait d'autre recours que la puissance de Dieu, le jugement dernier et le Christ apparaissant dans sa colère. Ce fut alors que, soudainement parties de tous les monastères, de tous les oratoires et propagées par toutes les légendes et les prédications, des prophéties sans nombre sur la fin prochaine du monde, s'en allèrent par les cités et les manoirs solliciter les terreurs de la conscience et les faiblesses de la raison. L'AN MIL, le terrible AN MIL devint un chiffre mystérieux et fatal, l'époque vengeresse que Dieu avait marquée pour les funérailles de l'univers livré au désordre et au crime.

Un long gémissement, répondant à cette menace, s'éleva de la terre au ciel pour confesser les fautes et implorer la miséricorde de Dieu. Un cri de réprobation fut poussé des quatre vents contre la licence et la tyrannie; et la voix austère de quelques pieux évêques se fit entendre pour appeler le genre humain à la pénitence. Suzerains, vassaux et serfs, oppresseurs et opprimés se précipitèrent aux pieds des autels. La fondation des églises et des monastères, les dotations et legs aux paroisses et aux abbayes devinrent la pensée commune, le symbole de l'expiation. C'était le prix avec lequel on rachetait le sang versé et les passions satisfaites. C'était comme la restitution à Dieu des fruits du pillage et du vol exercés depuis plusieurs siècles.

Mais, pour que le retour à l'ordre et à la morale, après avoir été un principe jeté dans les consciences, pût devenir un fait constitutif de la nouvelle société, il fallait que l'ébranlement qui avait été opéré dans les âmes et dans les intelligences se produisît aussi dans la situation des hommes et des fortunes. C'est encore l'Église qui pourvoit à cette impérieuse nécessité.

Traquée par la lumière évangélique dont les rayons la poursuivait à travers les murs épais de ses forteresses et la frappait au cœur à travers ses cuirasses et ses armures, la société féodale éprouvait un besoin de déplacement sans fin. Ne pouvant exister que dans des conditions d'anarchie morale et matérielle, elle voulait fuir devant l'ordre et l'organisation qui l'étreignaient de toutes parts. Se souvenant de son origine nomade, impatiente du lit qui lui était creusé et qui allait se retrécissant chaque jour, elle s'échappait en débordements, et se décimait en guerres et en migrations lointaines. Le jour donc où, prêchant la croisade de Palestine, le pape Urbain, en plein concile de Clermont, adressa aux féodaux cette éloquente et méritée apostrophe : « *Soldats de l'enfer, devenez les soldats de Dieu !* » ce jour-là, fut expliquée et servie l'œuvre d'expiation civilisatrice qu'avait commencée l'expansion des prophéties de L'AN MIL sur la fin du monde. Une issue fut ouverte, universelle, immense, à cet instinct providentiel de déplacement, qui, depuis plus d'un siècle, tourmentait la société. La féodalité tout entière s'y précipita.

Pendant l'absence des barons hautains et dissolus, la société appartint au développement des principes constitutifs d'ordre, de hiérarchie et de liberté, dont ces barons étaient les ennemis naturels et implacables. Secondée par le transbordement d'Europe en Asie de tout le personnel féodal, la Royauté se dégagea de tous « *ces petits tyrans d'alentour de Paris, qui, pour s'agrandir d'un bourg ou d'un château, ne se souciaient pas s'ils renversaient toute la France.* » Elle ressaisit la main de justice qui lui avait été dérobée. Elle refit le territoire que les descendants de Charlemagne avaient laissé démembrer. Les Communes conquirent les chartes de leur affranchissement; — grand effort de civilisation qui vint en aide à la royauté, que la royauté à son tour s'empressa de favoriser, et d'où, un siècle plus tard, après trois cents ans d'interruption, surgira le rétablissement du principe représentatif, de ces *Assemblées générales de la nation*, que nous font regretter nos Chambres d'aujourd'hui, qui n'en sont qu'une déviation dérisoire.

Les seigneurs de Ham se laissèrent aller, de leur mieux, à ce double mouvement d'expiation religieuse et d'affranchissement politique, d'où sortit la réorganisation de la société.

De 996 à 1355, période de la durée de leur maison, il en est peu qui n'aient fondé ou doté quelqu'un des édifices religieux que possédait autrefois la ville de Ham, ou qui fesaient partie du diocèse de

Noyon, dont cette ville relevait. Depuis que le cri de *Commune! Commune!* eut été poussé contre les barons et les évêques, il en est peu qui n'aient loyalement et volontairement maintenu et même augmenté par des Chartes, les droits et privilèges des habitants de Ham. En 1055, Yrès, qui avait succédé à Simon, donne une terre à l'église épiscopale et contribue à fonder la collégiale de Nesles. En 1060, Odon Ier remet l'église de Notre-Dame de Ham à Baudry, évêque de Noyon, qui en fait une collégiale de chanoines réguliers. En 1144, Gérard fait diverses donations aux abbayes. Vers l'an 1181 environ, Odon III, dote des abbayes et accorde aux habitants de Ham une Charte communale, qui est bien certainement l'une des premières obtenues, et qui fut confirmée la même année par Philippe d'Alsace, comte de Flandre et de Vermandois. En 1254, Odon V fait des donations aux églises et abbayes. En 1276, Jean II concède à l'abbaye Notre-Dame de Ham les deux moulins de cette ville. En décembre 1344, Jean III, pour terminer les différents qu'il avait avec les abbés et le couvent de Notre-Dame de Ham, au sujet de la donation à eux faite par son père Jean II, dont il était héritier, consentit à les en laisser jouir à condition qu'ils reconnaîtraient « *tant pour le présent que pour l'avenir, qu'ils tenaient ces biens en arrière-fief de lui et de ses hoirs,* » et sous la redevance de certains droits, à chaque renouvellement d'abbé. Enfin, le 7 juin 1355, le même seigneur fit un nouvel accord avec les maires et les échevins (1).

Il n'est donc pas étonnant que cette ville dont la population a toujours eu de la peine à atteindre le chiffre de 2,000 âmes, ait, avant la révolution de 89, possédé un Hôtel-Dieu, une Maladrerie et trois paroisses, toutes les trois régulières,—Saint-Pierre et Saint-Martin dans son enceinte de murailles, et Saint-Sulpice dans le faubourg de ce nom, qui forme aujourd'hui une commune séparée. Ces trois cures-prieurés faisaient partie des bénéfices appartenant à la congrégation des chanoines réguliers de Saint-Augustin.

La seule paroisse qui existe aujourd'hui a pour église l'église de l'ancienne abbaye, ornée de magnifiques bas-reliefs sur divers sujets de l'Écriture-Sainte, d'un jeu d'orgues soutenu par de riches colonnes de marbre, et d'un superbe baldaquin à l'entrée du chœur. C'était, même avant le XI siè-

(1) Voir les notes.

cle, une collégiale régulière ; mais dans ces temps où la discipline et la règle subirent un si scandaleux relâchement, elle avait été sécularisée avec la plupart des autres. Odon Ier, comme on vient de le voir, la remit en 1060 à l'évêque de Noyon qui y rétablit des chanoines réguliers. Le pape Pascal II, la même année, l'érigea en abbaye et lui accorda plusieurs priviléges que ses successeurs Honoré II, Innocent II, Alexandre III, Innocent IV, Boniface VII et Paul II, ont confirmés et augmentés.

Suivant le cartulaire de l'église de Noyon, cette abbayea donné à l'église de Saint-Quentin, et celle-ci à l'église de Meaux l'évêque saint Gilbert; et à l'abbaye de Vermand, qui était de l'ordre des Prémontrés, deux abbés, Webert et Iribert. En 1678, elle avait eu déjà trente-quatre abbés tant réguliers que commandataires. Parmi ces derniers quelques-uns ont une célébrité historique. Ce furent en 1557, le fameux Charles de Bourbon, cardinal-archevêque de Rouen, dont la Ligue, à bout de voie, fit l'impuissant et ridicule compétiteur de Henri de Navarre au trône de France;—en 1627, Jean-Armand Duplessis, cardinal duc de Richelieu, sous le gouvernement duquel Louis XIII fut roi;—et, en 1658, l'évêque et comte d'Agde, Louis Fouquet, nom qui rappelle la cruelle disgrâce par laquelle l'orgueil de Louis XIV brisa la magnificence qui, dans les splendeurs de Vaux, s'éleva rivale de son soleil et de la fastueuse devise de son *nec pluribus impar*.

Du reste, l'estime que les souverains pontifes portaient à l'abbaye de Ham, et la haute idée qu'ils avaient de son ordre canonique, éclatent dans un bref d'Alexandre III, adressé à Drogon ou Druon l'un des chanoines réguliers de cette abbaye. Pour se faire relever de ses vœux et placer dans les chanoines séculiers de Noyon, ce religieux avait employé auprès du pape les sollicitations de Beaudouin II, évêque de ce diocèse, celles de tout son chapitre et de l'archevêque de Rheims, l'appui de Philippe d'Alsace, comte de Flandre et de Vermandois, et le crédit de Louis-le-Jeune, roi de France, qui avait alors expié par sa croisade en Palestine, l'horrible massacre de Vitry, éternel sujet de ses remords.

Mais, en ce temps déjà, un cri de réforme se faisait entendre contre l'Église. Les déréglements des ordres religieux n'étaient plus brités derrière les cloîtres; ils s'en allaient dans le siècle scandaliser et corrompre les fidèles. L'hérésie des Albigeois qui grandissait, en était comme la protestation. Elle allait bien être extirpée par le fer et le feu ; mais, pendant que les foudres spirituelles proclamaient sainte la besogne de sang que les armes temporelles poussaient rondement contre l'hérésie et ses sectaires, le Pape pensa qu'il était juste d'en restreindre et d'en réprimer les causes, ou tout au moins le prétexte apparent. Secondé par le grand saint Bernard, l'illustre réformateur des ordres religieux, il s'efforça, par ses admonitions paternelles, de relever la discipline et de maintenir la règle parmi ceux qui, après s'en être séparés, cherchaient à se mettre d'accord avec les dernières luttes de la conscience, en demandant au Saint-Siége les bénéfices d'une dispense. Alexandre III avait été lui-même chanoine régulier de la congrégation de Latran, et *connaissait parfaitement l'excellence et l'obligation de la profession canonique*. Il envoya donc au chanoine de Ham, pour lui signifier un refus, un bref dont la reproduction ne saurait être sans quelque intérêt en ce temps, où — bien autre violation de la loi de l'Église, vraiment! — des prêtres osent demander à la loi civile de protéger leur immoralité, contre le caractère indélébile dont la loi canonique les a marqués au front (1).

(1) Voir les notes.

Trois fois, le 26 avril 1760, la foudre tomba sur le clocher de cette église et sur la tour de l'horloge. Le feu s'élança d'abord en flammes tournoyantes. Rabattu bientôt par le vent, il descendit de la grande flèche à la charpente du chœur, et courut rapidement à celle de la nef, où il dévora tout ce qui pouvait être dévoré. La maison des religieux, la ville tout entière, sur laquelle les étincelles et les brandons tombaient en pluie de feu, y seraient passées sans nul doute, si la direction du vent n'eût point changé.

Les tombeaux d'Odon III, de sa femme et de son fils, représentés en pied sur la pierre qui les recouvre, ont été retrouvés, en 1839, dans la partie souterraine de cette église. La ville en a fait opérer la restauration ; et il la faut honorer de son pieux hommage à la mémoire du bon et loyal seigneur de qui elle tint une des premières chartes qui affranchirent les communes de France. L'église conserve aussi les reliques de saint Vaneng, patron de Ham (1), dont les légendaires ses contemporains, auteurs des vies de saint Vandrille abbé de Fontenelle et de saint Léger évêque d'Autun, racontent de merveilleux actes de vertu ; sans compter ce que, dans des temps postérieurs, en ont dit, et les ma-

(1) Voir les notes.

nuscrits de l'abbaye de Ham, qui remontent à plus de six siècles, et les auteurs de la vie de saint Ouen, évêque de Rheims, et l'auteur de la chronique de Fontenelle, qui vivait sous le règne de Louis-le-Débonnaire.

Autrefois, la fête de ce saint patron était célébrée le jour même de son anniversaire, à l'abbaye où se réunissait le clergé de toutes les paroisses. La châsse était portée en procession par des fermiers d'Emery, qui revêtaient des aubes pour cette solennité, et qui, à ce privilége, ajoutaient celui de dîner ce jour-là avec messieurs de l'abbaye. Toutes choses, dit-on, qui étaient tenues à grand honneur dans ce bon temps où la politique n'avait tué ni l'esprit de cité, ni l'esprit de famille. C'est qu'alors la simplicité et la foi du chrétien n'avaient point été affaiblies de tout ce dont le philosophisme et la centralisation révolutionnaire ont gonflé notre orgueilleuse importance de citoyens, jouissant, à degrés fort inégaux, de droits politiques et civils dont la lettre, il est vrai, se trouve plus ou moins écrite sur le papier, mais dont l'esprit varie au gré de ceux qui en monopolisent l'usage.

SOTIES, LÉGENDES, MALÉFICES.

III.

SOTIES, LÉGENDES, MALÉFICES.

Pratiques et superstitions populaires. — Fête de l'Ane. — Abbé des Connards. — Les flagellants. — La fête des Fous. — Réaction de l'intelligence contre la force brutale. — Caricatures du Démon. — Les romans du *Renard*, de *Fauvel* et de *la Rose*. — La danse Macabre. — Les *soties* et les *moralités*. — Origine du vaudeville. — Prince des sots de Ham. — La pierre du capucin. — Dévotion des jeunes filles de Picardie. — Le chatelain Jean III poursuivi pour maléfices en 1350. — Sa délivrance. — Eternels secrets des passions mauvaises pour usurper le Pouvoir, suivant les temps. — Les noms changent mais les choses restent les mêmes.

Si la ville de Ham fut tout empreinte du caractère éminemment religieux, dont les lumières de la Foi chargèrent les institutions du moyen-âge, elle prit aussi sa part des fêtes et cérémonies que, pour parler la langue des esprits-forts, l'ignorance et les mœurs des peuples attachèrent aux pieds des autels, comme au tronc des chênes s'attachent ces végétations parasites qui croissent sous les pluies d'automne. Et, en vérité, dans ces temps dont la féodalité brutale avait épaissi les ténèbres, en fait de superstitions ou de pratiques grossières, les peuples n'avaient qu'à choisir.

Ils pouvaient se mettre en ligne dans les rangs de la longue procession de *La fête de l'Ane* que la France devait à l'église de Vérone, et sur lequel une jeune fille représentait la mère de Dieu, tenant un enfant dans ses bras et s'en allant en Egypte. Arrivés devant l'autel, ils pouvaient lui chanter pour antienne : *Amen, amen, asine!*

Eh! sire âne, çà, chantez!
Belle bouche rechignez,
Vous aurez du foin assez.

Ils pouvaient, comme en Normandie, appelée le pays de *Sapience*, suivre dans plusieurs villes un *Abbé de Connards*, qu'on promenait sur un char à quatre chevaux, la mître en tête, la crosse à la main, distribuant des bénédictions et des mandements.

Si l'exemple de quelques pénitences publiques,

ordonnées par la police de l'Église, qui était la seule police sociale ; si les pestilences et les tremblements de terre, par lesquels l'Europe entière fut décimée et bouleversée, avaient, depuis le XIIIe siècle, répandu la contagion de la peur et la frénésie de la pénitence, les peuples pouvaient encore s'enrôler dans ces hérésies fanatiques de *Flagellants,* qui étaient venues de Hongrie, dont, au XVIe siècle, Henri de Valois fut un zélé sectaire, et qui, sous le nom de ***Lollards***, ***Turlupins*** et ***Bègards***, s'en allaient par les rues des villes de l'Europe, nu-pieds, une croix dans la main gauche, et dans la droite des disciplines dont ils se déchiraient le dos, en criant : ***Miséricorde ! Seigneur.***

Pour ceux qui, étant d'une humeur moins sombre, et qui, envisageant les misères humaines sous leur aspect ridicule, ne s'évertuaient pas à comprendre comment il se pouvait faire que rien ne fût plus agréable à Dieu, sinon des épaules couturées par des étrivières, au milieu de bandes de gueux qui exploitaient l'Europe; — pour ceux-là, il y avait *La fête des Fous :* encore une procession avec des robes plissées, des jacquettes bariolées, des grelots au pourpoint, des chapeaux de forme conique et des marottes grimaçantes, avec gambades et discours de même.

Enfin, pour les peuples dont le caractère, ne s'accomodant ni des larmes, ni de la folie, tenait entre ces deux extrémités une sorte de milieu philosophique, il y avait les *farces* qui, sous le nom de *moralités* et de *soties*, donnaient la représentation satirique des hommes et des choses dont la domination matérielle et morale pesait sur la société, qu'elle corrompait et entravait dans sa marche.

Mais, depuis que la philosophie a éclairé l'histoire, il faut bien trouver autre chose, vraiment, que la superstition ou la reproduction grossière des saturnales du paganisme au fond de la plupart des fêtes et des cérémonies célébrées dans les cités du moyen âge. Elles furent la première réaction de l'intelligence, encore dans ses langes, contre la tyrannie de la force. Pour se désapprendre peu à peu la crainte, les esprits en affublèrent le symbole d'une forme grotesque. C'est ainsi que sur le portail de la plupart de nos vieilles églises, ces effroyables gargouilles, ces sphynx, ces chimères, ces monstres à la gueule béante et aux jambes de tigre et de singe, n'étaient que des caricatures du démon, de cette grande terreur qui exerça une action si puissante sur la sociabilité des premiers siècles du moyen âge.

Plus tard, lorsqu'elles eurent été vulgarisées par leur reproduction sur les immenses pages de pierre que l'art naissant avait étagées, les métamorphoses satiriques passèrent dans les premiers efforts de l'idée morale, s'essayant avec la parole écrite et le dessin à continuer la lutte contre la puissance matérielle.

C'est ainsi que les romans du *Renard*, de *Fauvel* et de *la Rose*, la *Danse-des-Morts* ou *Danse-Macabre* —allégorie sublime des premiers instincts d'égalité réagissant contre l'orgueil des grandeurs, — devinrent la flagellation ingénieuse de l'hypocrisie religieuse et morale, des misères de l'humanité, des cupidités et des libertinages des cours, des déportements des abbés, des clercs et des moines, et des profonds ennuis de la vie mondaine. Papes, cardinaux, rois, ministres, magistrats, grandes dames, barons et chevaliers, bourgeois et peuple, tout ce qui opprimait, tout ce qui était opprimé, trouvait dans l'art informe de ce temps son châtiment ou sa vengeance.

De la sculpture, du roman et du dessin, la satire passa dans l'action dramatique, le jour où, par l'affranchissement des communes, les essais de la liberté civile et politique vinrent en aide aux premiers essais de la liberté de la raison humaine. Les *farces* appelées *Soties* et *Moralités*, furent le cadre grossier dans lequel étaient impitoyablement raillés les vices des puissants et la couardise des faibles.

C'est ainsi qu'en 1313, parmi les jeux célébrés par la ville de Paris en l'honneur de Philippe-le-Bel, que son père allait armer chevalier en présence des rois d'Angleterre, de Navarre et de leurs seigneurs, des évêques et du légat du pape, on voit figurer la mise en scène du roman du *Renard*, faite par la compagnie des corroyeurs, dont le chroniqueur Godefroy dit :

> Corroïer aussi contrefirent,
> Qui leur entente en ce bien mirent,
> La vie de *Renart* sans faille
> Qui mangeait et pouçins et paille.
> Mestre *Renart* : fu evesque
> Veu, et pape et arcevesque.
> *Renart* i fu en toute guise
> Si com sa vie le devise
> En bière, en crois et en censier
> Et en maintes guises dansiers.

La fête de l'Ane, elle-même, qu'était-elle autre chose, sinon une satire contre la puissance des moines, que flattaient tous les états, et que, dans le roman de *Fauvel*, on voit *torchés* tour-à-tour par le pape, les cardinaux, les rois, les ministres, les magistrats, les nobles dames, les seigneurs, les vassaux, les bourgeois et le peuple?

La nomination annuelle d'un *Abbé de Connards* n'était-elle pas aussi la vengeance du populaire contre la vie licencieuse et les désordres des gens d'Eglise que l'on accusait si fort, dans ce temps, de s'en aller porter le trouble et le déshonneur dans les familles? Et la promenade que le *Mari-Patient* était forcé de faire sur un âne escorté, déjà au XIIIe siècle, de gens jouant de la pelle, de la crecelle et de la lèchefritte,—véritable origine du charivari,—n'était-elle pas le châtiment infligé au couard qui n'avait point su tirer vengeance de son déshonneur?

Petites pièces dialoguées que Messieurs de la Basoche avaient si fort mises à la mode dans le XIVe siècle, après que les *Mystères de la Passion* eurent été interdits, et dont quelques-unes sont arrivées jusqu'à nous, — les *Moralités* et les *Soties* furent plus particulièrement empreintes de ce caractère moralisateur que l'on retrouve dans toutes les productions de l'art et de la littérature du moyen âge. C'est une chose remarquable, que la parole du poète ou le crayon de l'artiste, à cette époque si dédaignée pourtant de l'orgueil moderne, aient toujours été conduits par une pensée. L'œuvre avait toujours un but, et pourvu que ce but fût atteint, la forme importait peu. De nos jours, au contraire, la forme est tout. On parle aux yeux et aux sens : mais à l'âme et au cœur, on en a peu de souci. On charme, on plaît, on amuse ; mais on instruit peu, et la plupart de nos œuvres manquent d'une idée et d'une signification. Sous le nom de la *Mère-Sotte* et de *Prince-des-Sots*, — c'est-à-dire, sans doute, gens mal appris qui, à certains jours de l'année, avaient le privilége de dire leur fait à tous et à chacun,— les bourgeois et le peuple frondaient impitoyablement les mœurs, les vices et les usages de leur temps. C'étaient des pièces plus ou moins rimées qui se jouaient en plein air, dans les rues, et souvent devant la porte de ceux que les auteurs avaient voulu mettre en scène.

Certes, à une époque, où après tant de siècles d'efforts, nous nous laissons enlever une à une nos plus précieuses libertés, nos plus nationales franchises, — celles même de l'épigramme et de la chanson, — on peut, à bon droit, être surpris de l'audace avec laquelle, en ce temps appelé le règne du despotisme, les auteurs et les acteurs se prenaient au vice heureux et honoré, si haut et si puissant qu'il fût, pour le mettre à nu et le déchirer sous le fouet du ridicule, ou pour le brûler sous le stigmate de la honte. Ce n'est certes pas de nos jours qu'on laisserait réciter ou jouer en plein vent, ni ailleurs, l'action du *Roman du Renard,* appliqué, non plus aux hommes de l'Eglise, puissances déchues, mais aux hommes de la politique, renards triomphants, qui, en matière de libertés et de finances, se sont formés à cette maxime du *Roman de la Rose* de Jean de Mehun :

> « Sur tous ces riens gardez ces points :
> « A donner ayez les clos poings,
> « Et à prendre les mains ouvertes. »

Sans doute, ces scènes chantées, rimées ou dialoguées n'étaient que les restes dégradés et méconnaissables de la comédie grecque d'Aristophane; mais c'est d'elles, qu'après être passé, comme progrès de l'art dramatique, par le théâtre de la foire et les marionnettes de Brioché, on verra plus tard descendre en droite ligne notre national vaudeville.

C'est *la sotie* que Ham célébrait chaque année, avec sa *Mère-Sotte* et son *Prince-des-Sots*. De là est venu à ses habitants le sobriquet de *sots de Ham.* Quelques personnes ont cru devoir s'étudier avec un grand sérieux, hors de saison en vérité, à prouver que cette épithète ne devait, d'après son origine, avoir rien d'injurieux. Eh! qui songe donc à la prendre à la lettre! Les Hamois le savent aussi bien que personne au monde; aussi ne s'en fâchent-ils point. Les *Soties* étaient une preuve de l'esprit, du bon sens et de l'indépendance des gens qui les célébraient. Par leur côté moral, elles méritaient, plus que les inutiles mascarades du Mardi-Gras, de faire encore partie des amusements du peuple (1).

Sans doute, c'est vers cette même époque où les arides calculs de la froide raison n'avaient point encore glacé les émollientes ardeurs des âmes simples et naïves, qu'il faut reporter l'origine d'une tradition populaire, par laquelle les *cicéroni* du château ne manquent point de tenter, chez les visiteurs et surtout chez les jeunes filles, une crédulité qu'ils ont perdue depuis longtemps eux-mêmes. Dans l'un des étroits et sombres cachots de la grosse tour, où un homme ne peut guère se tenir que debout, fut enfermé, dit-on, un pieux et digne capucin. Quand, et pourquoi? Nul ne le sait. Sans cela, où serait le merveilleux? Il paraîtrait toutefois que ses malheurs lui vinrent de sa vertu,—chose

(1) Voir les notes.

ordinaire aux temps où c'est le vice qui triomphe et qui mène le monde! Dieu la fit éclater en effet par des témoignages non équivoques de sa protection ; car le Capucin, à en croire la tradition, aurait ainsi vécu à la *géhène,* de longues années, soutenu seulement par la ferveur de ses prières. Son corps se serait tellement endurci, pétrifié pour ainsi dire par les privations, que sa tête aurait creusé la pierre qui lui servait de chevet, et y aurait laissé empreintes les formes de son visage et de son oreille. Le peuple, qui ne veut jamais perdre le sens positif et visible des merveilles que son imagination a enfantées, attribua des vertus miraculeuses à la *Pierre-du-Capucin.* Aisément l'on comprendra de quelle dévotion empressée cette pierre dut être l'objet,—mais, *honny soit qui mal y pense!*— quand on saura que toute jeune fille qui la vint visiter, et qui, après l'avoir mise en contact avec ses vêtements, en détachait religieusement un petit morceau, ne manqua jamais de trouver un mari dans l'année. Il est inutile d'ajouter que, par suite de sa nature molle et friable, la pierre qu'on montre aujourd'hui dans une des casemates de la grosse tour, s'est prêtée de si bonne grâce aux actes dévotieux des générations successives des jeunes filles de Picardie, qu'à cette heure on n'y retrouve plus l'empreinte ni du visage, ni de l'oreille, ni de rien du tout, ressemblant à quoi que ce soit du bon père capucin. Pour vous tenir en garde contre les préjugés, les esprits forts du lieu croiront même leur conscience engagée à vous avertir que cette pierre était renouvelée au moins tous les cinq ans. — « Ce qui, ajoutent-ils en souriant d'un air voltairien, perpétuait chez nous une doublure du miracle de la sainte ampoule. » Bien heureux encore le visiteur si, pour montrer la supériorité des miracles réels de l'esprit positif de notre siècle de lumières, sur les miracles douteux de l'esprit quelque peu poétique des *siècles d'ignorance*, votre *cicérone* ne vous fredonne pas le malicieux couplet de la chanson de quelque incrédule continuateur du dernier *Prince-des-Sots*, dont, au dire d'une autre chanson, la fille vivait encore en 1755. Mais, hélas! — tant il est vrai que tout s'use à la longue, même les miraclest et le crédit des saints! —malgré de fréquentes visites à la *Pierre-du-Capucin*, cette petite *sotte* eut le malheur de devenir *Mère-Sotte* sans avoir d'époux! Ce qui, on en conviendra, dut être un coup terrible pour la tradition (1).

(1) Voir les notes.

Toutefois, si les habitants de Ham furent soustraits, par l'influence de leur clergé régulier, au plus grand nombre des superstitions greffées sur les idées religieuses, leurs seigneurs ne purent échapper aux accusations de sortiléges et de maléfices; — appendice sanglant des erreurs et des violences, par lesquelles les notions du juste et de l'injuste furent si longtemps bouleversées. Nées de la crédulité aveugle des populations ignorantes, ces accusations devinrent bientôt entre les mains des rois, des ministres, des barons, des évêques et du peuple lui-même, d'atroces instruments de vengeances et de spoliations. Depuis, et longtemps avant l'arrêt du parlement qui fit brûler comme sorcière la demoiselle de Béthune « *pour avoir fabriqué avec le diable*, » en faveur de Robert d'Artois, l'acte fameux dont la seule inscription de faux coûta à la France la désolation et les calamités qui suivirent l'invasion d'Edouard d'Angleterre sous Philippe de Valois, — jusqu'à cette malheureuse Galigaï, maréchale d'Ancre, dont de Luynes voulait obtenir la confiscation ; il n'est point de tête si haute sur laquelle, à l'occasion, ne soient descendues les prières et l'eau de l'exorcisme, ou monté les flammes expiatoires du bûcher. Il n'est donc pas étonnant qu'un pauvre petit seigneur, comme l'était le châtelain Jean III, — celui-là même que nous avons vu passer accord avec les abbés de Notre-Dame et avec les maire et échevins de Ham, —ait été enfermé en 1350 dans la tour de Laon, pour divers crimes et maléfices. Fort heureusement pour lui que son frère put le racheter « *en payant au roi dix hommes d'armes.*» Eh ! que ne les donnait-il plus tôt? sa foi de bon chrétien n'eût point été mise en doute.

Mon Dieu ! ne nous replions pas hypocritement dans notre orgueil, aujourd'hui, pour déplorer et pour maudire ce qui se pratiquait d'arbitraire stupide en ces temps de barbarie. De nos jours, aux deux tiers de notre XIXe siècle, dont nous exaltons les progrès et les lumières, la portion de la société à qui, par violence ou par ruse, est échu le Pouvoir, n'agit pas autrement. Aujourd'hui comme alors, l'ambition, l'égoïsme et la peur ont toujours des secrets pour se faire illusion à eux-mêmes, et des mots bruyants pour faire illusion aux autres.

Dans les temps d'ignorance touchant les plus simples notions des sciences naturelles, une accusation de maléfice et de sortilége étant un moyen de conserver ou d'agrandir le monopole du pouvoir et de la richesse contre toute pensée rivale ou hostile, les maîtres de la société accusent de maléfice et de sortilége, et désignent, à ce titre, aux terreurs vraies ou fausses des populations, les hommes dont ils convoitent la fortune, ou dont ils redoutent les actions et les idées.

Dans les temps d'agitation où, comme au XVIe siècle, ce sont les idées religieuses qui dominent et qui tremblent pour leur *orthodoxie*, c'est par des accusations d'hérésie que ceux qui veulent conserver le pouvoir foudroient ceux qui le poursuivent; et afin que pas un de ceux qui les gênent n'échappe à leurs passions haineuses ou cupides, ils subdivisent le crime en une infinie variété de catégories (1).

De nos jours, comme se sont les idées et les formes politiques qui dominent dans l'état social, ceux qui veulent gouverner ne divisent plus la nation en démoniaques et en magiciens, en protestants et en catholiques ; mais ils la partagent en deux classes dont l'une a tous les droits, et l'autre aucun; dont l'une possède et dont l'autre ne possède pas et est possédée. Ils ne disent pas que l'exercice de l'autorité suprême ne doit point être confiée aux magiciens

(1) Voir les notes.

et aux protestants; mais ils disent qu'il ne doit point l'être aux gens qui ne possèdent pas. Ils ne disent point que les simples d'esprit et les orthodoxes forment seuls la nation légale, probe et éclairée, et que seuls ils aiment et peuvent servir loyalement la patrie ; mais ils disent qu'il n'y a de probe, de loyal, d'éclairé et de patriote que la portion de la nation qui paye un chiffre déterminé de l'impôt. Pour ce qui est des autres, au moyen d'une foule de sobriquets, — qualifications plus ou moins exactes des pensées hostiles à un si misérable état de choses, — il y a comme autrefois, pour les livrer aux fureurs populaires, au geôlier et au bourreau, les lois faites par les maîtres du pouvoir eux-mêmes, au profit de la quiétude et fortune, non de la société, mais des hommes qui la conduisent et qui l'exploitent.

On le voit donc, il n'y a que les noms de changés; les choses restent les mêmes, parce que les passions humaines ne changent pas. Politique, religion ou sociabilité, c'est toujours le monopole, c'est toujours l'arbitraire !

ENGUERRAND DE COUCY.

IV.

LE SIRE ENGUERRAND DE COUCY.

Extinction de la maison de Ham. — Ham cédé aux Anglais par le traité de Brétigny. — Patriotisme des provinces de France. — Comment les descendants de Hugues Capet refirent le territoire. — Funeste effet de la loi des fiefs sous la première race des Valois. — Ham passe dans plusieurs maisons — La seigneurie de Ham achetée par le sire de Coucy. — Grandes chevauchées du seigneur de Ham, sous les règnes de Charles V et de Charles VI. — Le sire du Bouziers défend la ville de Ham contre l'armée anglaise de Robert Knoles. — Duguesclin. — L'empereur Charles VI traverse la ville de Ham. — Le seigneur de Ham commande l'armée réunie à Harfleur pour une descente en Angleterre. — Le camp de Boulogne et le neveu de Napoléon. — Le seigneur de Ham au siége de Tunis et en Natolie. — Grandeur et puissance de la France en ce temps. — Honte du temps présent. — Fatalité et tristes retours de fortune. — Démence de Charles VI. — Mort du sire de Coucy.

Avec Jean III finit la pacifique maison seigneuriale de Ham, qui était devenue un fief de la châtellenie de St-Quentin, appartenant à la Couronne sous le roi Jean. C'est à ce titre que son dernier seigneur rendit aveu au roi le 26 mai 1367. Il est bien vrai que, par le traité de Brétigny, la ville de Ham faisait partie des *villes sur la Somme* qui venaient d'être cédées à l'Angleterre; mais à cette époque on songeait à rompre ce traité funeste qui, par le démembrement de la plus grande portion du royaume, racheta la captivité d'un roi, honnête, sans doute, mais aussi malheureux qu'imprudent. Si la France avait été cédée, elle n'avait pu être livrée,—grâce au refus de ratification dans lequel le Dauphin entraîna le conseil de la couronne ; grâce surtout à la généreuse résistance des comtés de la Marche, de Périgord et d'Armagnac qui s'appuyèrent sur les chartes qu'ils tenaient de Charlemagne, et aussi, des patriotiques habitants de la Rochelle, qui, pour rester incorporés à la France, allèrent jusqu'à offrir la moitié de leurs biens, et déclarèrent que, s'ils étaient contraints, ils reconnaîtraient la domination des Anglais, *des lèvres seulement*, et seraient toujours prêts à s'y soustraire.

Par l'importance des événements auxquels il fut mêlé, — et souvent d'une façon bien cruelle !—autant que par la grandeur même de ses nouveaux maîtres, Ham, sous les deux branches de Valois, sortit de l'obscurité que, sous la race Capétienne, il avait partagée avec la famille de ses seigneurs perdus dans l'arrière vasselage de France. Mais cette illustration lui coûta le privilége en quelque sorte de son inviolabilité. Dès ce moment, aussi, la fortune le jeta dans les nombreuses mutations de famille qu'avait introduites dans le régime féodal cette funeste loi des fiefs qui, sous la troisième race, fit écheoir, par l'hérédité des filles, une portion de la France dans les apports matrimoniaux et dans l'héritage des souverains étrangers. Il en fut ainsi jusqu'au jour où la maison royale de France fut délivrée, par l'expulsion des Anglais, du contre-poids que lui faisait la maison ducale de Normandie, à laquelle les grands vassaux ambitionnaient de s'unir par mariage. Alors la loi des fiefs réagit contre son œuvre primitive et finit par réunir à la couronne, dont à son tour l'alliance fut recherchée, tous les grands comtés que le mariage et l'héritage lui rendaient. Ce fut ainsi que les descendants de Hugues-Capet refirent peu à peu le territoire, que les descendants de Charlemagne avaient laissé démembrer, après l'avoir arraché cependant à la loi germaine du partage entre les fils des rois sous la première race.

Mais, triste et irrésistible effet des mœurs féodales! Cause unique de la lenteur que la royauté mit à parfaire ce long et pénible travail de l'unité territoriale! A mesure que les rois réunissaient les grands fiefs à la couronne, ils les en séparaient de nouveau pour former des apanages à leurs frères et à leurs enfants. De la sorte, les princes du sang, rejetés dans la grande vassalité, recommencèrent avec elle les querelles et les luttes qui, sous la loi germaine, avaient tant affaibli la puissance royale.

Ainsi, par la loi des fiefs, la loi même de son institution, la féodalité favorisait l'invasion étrangère, et, au moyen des princes du sang, ressuscitant les effets de la loi germaine, elle affaiblissait encore la royauté, dont elle hâtait la ruine.

Tel a été, en effet, le fond des troubles et des guerres qui ensanglantèrent Paris et la France sous la seconde branche des Capétiens, dite la première des Valois, durant les règnes successifs de Jean II, de Charles VI, de Charles VII et de Louis XI. C'est là ce qui suscita ces factions acharnées de Charles-le-Mauvais, des Armagnacs et des Bourguignons, qui, pour se disputer le gouvernement durant la minorité des rois et la longue démence de Charles VI, s'appuyaient tour à tour, et sur les Anglais, qui en profitaient pour achever la conquête du royaume, et sur les émotions du peuple de Paris, qui frappait et prenait des deux mains, et qui, voulant arracher quelques franchises à la féodalité et à la royauté tout ensemble, se jetait tantôt vers l'une et tantôt vers l'autre.

Ce fut aussi par les femmes que la seigneurie de Ham passa successivement dans la maison des sires de Coucy, dans celles d'Orléans, de Bar, de Luxembourg, de Vendôme et de Navarre. Enfin, c'est par l'avénement de Henri IV qu'elle fut réunie à la Couronne, de laquelle elle fut détachée par engagement pour le cardinal de Mazarin, et ensuite par apanage pour Philippe d'Orléans, frère de Louis XIV, dans la famille duquel elle s'est perpétuée jusqu'à la grande révolution de 1789.

Enguerrand IV, sire de Coucy, l'un des plus puissants et des plus vaillants barons du royaume, acheta la seigneurie de Ham au châtelain Jean III, qui n'avait qu'une fille. Quelques autres chroniqueurs, — mais sans en rapporter la preuve, — prétendent qu'il épousa cette fille, qui s'appelait Marie, et dont cette seigneurie aurait formé la dot.

Le seigneur de Coucy et de Ham figure, avec les plus grands feudataires, parmi les célèbres événements de cette époque et dans toutes les chevauchées qui illustrèrent le règne de Charles V, et les premières années du règne de Charles VI.

Tout d'abord, il fournit un exemple de cet éparpillement funeste, dans lequel les alliances par mariage avec la maison ducale de Normandie tinrent si longtemps les forces de la nation française. Pour n'avoir point à prendre parti dans la guerre que la rupture du traité de Brétigny fit éclater entre Edouard et Charles V, dont l'un était son beau-père et l'autre son souverain, le sire de Coucy et de Ham s'en alla en Lombardie, conduire pour le pape une guerre contre Bernabé. Mais ayant appris la trêve de trois ans qui, en 1374, et sur les importunités du Saint-Père et de ses légats, fut convenue à Bruges entre les plus puissants seigneurs de France et d'Angleterre, il revint de Lombardie pour réunir en une armée tant de soldats et de chevaliers inoccupés, et pour les conduire dans le duché d'Autriche, sur lequel il avait des prétentions du chef de sa mère, sœur du dernier duc mort sans lignée. Mais cette entreprise n'eut d'autres résultats que de délivrer, comme l'avait fait Duguesclin avant lui, le royaume de ces bandes armées de *soudoyers* qui, entre deux guerres, désolaient et ravageaient la France.

Quelque désir qu'il eût témoigné de garder la neutralité, le sire de Coucy n'avait pu si bien faire que, tandis qu'il guerroyait en Lombardie, le sire du Bouziers du Hainaut, s'étant jeté pour le roi dans la ville de Ham, ne la défendit deux jours durant contre cette armée anglaise qui, conduite par Robert Knoles, était débarquée à Calais, et qui, traversant le Boulonnais, l'Artois et la Picardie, brûlant et ravageant à son aise tout le plat pays, put sans être inquiétée arriver jusqu'aux portes de Paris. C'est que le roi, qui avait ses desseins, avait renfermé tous ses gens de guerre dans des places-fortes, avec défense, sous peine de la vie, de paraître en dehors. Ce fut alors seulement que Duguesclin, qui venait de saisir l'épée de connétable, reçut ordre de se mettre de la partie. Talonnant l'armée de Knoles, il la poussa, sans rien précipiter, dans le pays du Maine. Là, prenant son heure, *il fit son coup* à Pont-Valain, où il tailla en pièces quelque sept ou huit cents Anglais; et en peu de jours il dissipa le reste, qui alla se perdre en Bretagne.

Quelques années après, cependant, à l'expiration de la trêve de Bruges, le sire de Coucy se trouva délié par la mort du roi d'Angleterre. Alors, par la prise d'Evreux, il enleva au roi de Navarre la dernière retraite que ce *fourbe et mauvais prince* eût en France pour troubler le royaume; — ce à quoi il s'employait ardemment, bien qu'il eût donné ses fils en ôtage pour la paix de Vernon.

« Environ vers ce même temps, dit Mézerai, les peuples étaient si acharnés les uns contre les autres que les papes, ayant perdu leur peine à les séparer, l'empereur Charles IV s'y voulut employer à son tour. Pour ce sujet, il écrivit au roi que, s'il le trouvait bon, il viendrait en France avec son fils le roi des Romains. Le roi de France tint ce voyage pour très agréable, et sachant que l'empereur viendrait par la Picardie, il envoya au-devant de lui grande partie de ses officiers et de sa suite. » La ville de Ham fut alors traversée par cet empereur, auquel, depuis Saint-Quentin jusqu'à Paris, Charles V fit faire « *une aussi magnifique réception que si c'eût été le Roi de France lui-même* » (1).

Ici encore, dans l'histoire de Ham, se place l'un de ces exemples étranges des retours de la destinée. Le roi Charles VI, dont les premières années promirent la suite du règne *sage* et glorieux de son père, mais dont les dernières furent si déplorables et si funestes, avait formé le projet d'en finir avec les invasions dont les Anglais menaçaient incessam-

(1) Voir les notes.

ment le royaume. Il leva donc, en 1386, deux armées navales pour s'en aller à son tour faire une descente en Angleterre. Ce fut le sire de Coucy, le seigneur de Ham, qui eut charge de commandement dans celle des deux armées qui devait être réunie à Harfleur... Et c'est dans le château de Ham que, de nos jours, un pouvoir, en perpétuel abaissement devant la puissance anglaise, retient prisonnier le neveu et l'héritier de l'Homme qui, des hauteurs de Boulogne, a fait trembler, au bruit d'une invasion, l'éternelle ennemie de la France.

C'est aussi le seigneur de Ham qui, en compagnie du comte d'Eu, de Philippe de Bar, du comte d'Harcourt, de l'amiral Jean de Vienne, de Guy de la Trémouille, d'Yvain, bâtard de Foix, et de toute la noblesse d'Auvergne, de Limousin et de Poitou, répondit à l'appel des Génois, — si déchus que les corsaires barbaresques les tenaient comme bloqués dans leur port ! Tous ces vaillants gentilshommes s'en allèrent, sous la conduite de Louis de Bourbon, camper devant Tunis. Ainsi commençait, en 1390, sur la terre d'Afrique, cette guerre de destruction et de conquête dont Napoléon forma et agrandit aussi le projet « *pour donner à penser à l'Angleterre,* » disait-il, et qui, heureusement poussée en 1830, serait achevée depuis longtemps pour le plus grand profit de notre influence dans la Méditérannée, si Dieu avait mis au cœur des hommes qui gouvernent la France le patriotisme qui dévore ses enfants.

C'est encore le même sire de Coucy, seigneur de Ham, qui, profitant de la nouvelle paix conclue à Amiens pour les fiançailles de Richard d'Angleterre avec l'innocente Isabel de France, entraîna en Hongrie l'élite de la noblesse de France, que commandait le comte de Nevers, fils aîné du duc de Bourgogne, « *prince d'un grand cœur; mais parce qu'il était encore peu expérimenté au métier de la guerre, son père le recommanda au sire de Coucy.* » Avec eux étaient le connétable Philippe de Valois, l'amiral Jean de Vienne, le comte de la Marche, Philippe et Henri de Bar, celui-ci gendre du seigneur de Ham, le maréchal Boucicaut, les seigneurs de Roye, de Saint-Pol, de Montorel, de St-Py, et quelques seigneurs anglais, — tous si bien accompagnés, qu'il s'y trouva jusqu'à mille chevaliers à bannière et mille écuyers. C'est cette célèbre expédition qui, franchissant le Danube, s'en alla dans la Natolie mettre le siége devant Nicopolis, pour arrêter les invasions nouvelles de l'islamisme que ruait sur l'Europe le sultan Bajazet, qui, déjà victorieux d'une expédition française, s'était vanté de porter ses drapeaux au Capitole et de faire manger l'avoine à son cheval sur l'autel de Saint-Pierre.

Ah! c'est qu'alors « les Français, dit un vieil historien, étaient toujours estimés les libérateurs des chrétiens opprimés. » Telle était la grandeur de la France, ajoute-t-il à propos des secours demandés quelques années plus tard par l'empereur Emmanuel, que les peuples étrangers ne pouvaient maintenir leur liberté sans ses armes, et, telle était sa générosité, qu'elle ne les refusait à personne. Aussi, comprend-on que dans l'enthousiasme de leur courage, les braves seigneurs de ce temps aient pu dire que « *si le ciel tombait, ils le soutiendraient sur le fer de leurs lances.* » C'est qu'alors la France fondait par les armes cette suprématie et cette universalité de sa civilisation et de sa langue, qu'elle devait compléter et assurer plus tard par la diffusion des trésors de son intelligence! C'est qu'alors elle n'avait pas été encore entraînée à penser que pour être toujours la grande, la première nation, vers laquelle toutes les autres se tournent dans la bonne comme dans la mauvaise fortune, il fallait pousser jusqu'à la lâcheté l'adoption de cette maxime triomphante d'un gouvernement de bourgeois égoïstes et timides : *Chacun chez soi, chacun pour soi !*

Mais, hélas ! c'est toujours la fatalité de la France d'avoir à expier la grandeur de sa gloire par l'étendue de ses revers, et de perdre dans des discordes civiles des forces dont l'union maîtriserait le monde. Voici venir, avec la démence de Charles VI, ce temps de lâchetés, de trahisons, d'appels à l'étranger, de guet-à-pens et d'assassinats, qui commence au meurtre de la rue Barbette, se continue par les massacres du Châtelet, et aboutit à la vengeance royale du pont de Montereau, et à la régence de Bedfort pour le compte de Henri d'Angleterre, sous le *laissez-passer* des bourgeois de Paris. Temps d'immoralités, de luxe et de débauches, où les nobles seigneurs vêtus de riches habits de soie blanche, le chaperon orné de perles, en compagnie de varlets dissipés et fripons, passaient la nuit à jouer au dé sur les tables des tavernes ! Alors des princes du sang et une reine de France, le duc d'Orléans et Isabeau l'étrangère, l'inceste et l'ambition, gouvernaient le royaume. Aux cris d'Armagnac et de Bourgogne, qui étouffaient le cri de Montjoie-St-Denis, le cri de la France, la féodalité se décimait jusque dans son arrière-ban, mettait la patrie au pillage, et après s'être partagé le plus de trésors et de libertés qu'elle avait pu voler au pays, rendait foi et hommage pour ce qui restait à l'étranger qu'elle avait appelé à régner avec elle sur tant de sang et de ruines. Longue histoire de crimes, de malheurs et de honte, dans laquelle les regards et le cœur du patriote trouvent à peine, sur quelques feuillets, les noms de quelques loyaux et braves barons et celui de Jeanne-d'Arc, la fille du peuple, sainte devant Dieu et devant la patrie, qui soutenaient l'honneur des armes françaises, et qui comblaient avec leurs corps mutilés les larges brèches faites à l'intégrité du territoire !

Mais, comme Duguesclin, le bon connétable, et son compagnon d'armes Olivier de Clisson, non moins illustre que lui; comme la plupart des barons qui étaient allés guerroyer en Afrique et en Hongrie, le sire de Coucy eut le bonheur de mourir avant d'avoir vu « *ce très noble pays de France, de toutes parts, très durement violé.* »

ROBERT DE BAR.

V.

ROBERT DE BAR.

Ham passe à la maison de Bar. — Convoitises de Louis Ier d'Orléans et de Valentine de Milan. — Ce prince achète la seigneurie de Ham. — Il est accusé d'avoir empoisonné Marie de Bar pour ne la point payer. — Ham réuni à la couronne en 1407. — *Je le tiens et je l'envie.* — Robert de Bar recouvre sa seigneurie. — La ville de Ham mise à sac et détruite en 1411 par les Bourguignons et les Flamands. — Six religieux. — Azincourt et Waterloo. — Obituaire de la vieille monarchie, de la république et de l'empire — *La France estropiée de ses plus nobles membres.*

Ainsi que Jean III, dont il avait acquis la seigneurie, Enguerrand de Coucy ne laissa point d'enfants mâles. Sa fille Marie, veuve de Henri de Bar, qu'elle avait épousé en 1383 et perdu à la bataille de Nicopolis, où il avait suivi son beau-père, se porta pour héritière de toutes ses terres, et elle en prit possession malgré les oppositions d'Isabelle, sa sœur du second lit. Bientôt Louis Ier, duc d'Orléans, frère de Charles VI, la pressa vivement de lui vendre la sirerie de Coucy, devenue l'une des plus belles et des plus puissantes baronnies du royaume, car elle avait dans sa dépendance 150 villes, bourgs et villages, outre les forêts et les étangs. Enfin, harassée de sollicitations appuyées de menaces, Marie, par contrat du 15 novembre 1400, vendit à ce duc cette tant convoitée sirerie de Coucy, c'est-à-dire, Coucy, Ham, Folembrai, St-Aubin, La Fère, St-Gobin, le Chastelier, St-Lambert, Marle, Aci et Gerci; le tout pour la somme de 400 mille livres. C'était le double de ce que le prince venait de payer la comté de Blois. Mais ce duc d'Orléans, que les historiens nous représentent comme dévoré de l'amour immodéré de la propriété à bon marché, s'arrangea de manière à ne payer que la moitié du prix de sa nouvelle acquisition. Il était de ces princes dont les façons d'agir, en ce genre comme en beaucoup d'autres, sont si bien connues; sa femme, l'ambitieuse et turbulente Valentine de Milan, passait si bien pour avoir profité des leçons d'hypocrisie de son père Galéas, mort en 1402, diffamé pour son impiété, ses empoisonnements et ses tyrannies, qu'on ne crut point calomnier ce couple royal en l'accusant d'avoir chargé le poison de lui obtenir, en 1403, la quittance du reste. Qu'était-ce, en effet, qu'un empoisonnement qui enrichit, pour ce d'Orléans accusé déjà d'avoir tenté de faire disparaître le seul degré qui le séparait du trône, en approchant, *indiscrètement*, une torche enflammée des sauvages emplumés qui furent brûlés tout vifs au bal de sa tante la duchesse de Berry?

Au demeurant, le duc d'Orléans fit en quelque sorte légitimer l'usurpation de la part non payée, au moyen d'une espèce de confiscation. En 1404, il se fit donner par le roi, Soissons, Ham et autres lieux, pour les ajouter à sa comté de Blois et à son duché d'Aquitaine, qui lui avait coûté moins encore. Il y trouvait aussi l'avantage d'une fin de non recevoir à opposer aux demandes qu'Isabelle avait continuées contre lui.

Ces domaines furent déclarés en pairie, par lettres patentes du 22 mai de la même année. Mais le roi les réunit à la couronne en 1407. C'est qu'alors, mettant au plus vite en action les devises que le duc d'Orléans et le duc de Bourgogne s'étaient données pour symbole de leur querelle, le Bourguignon, le vingt-troisième jour de novembre, près de la porte Barbette, avait aplani avec son *rabot les nœuds de la massue* de l'Orléanais. *L'Ichoud* du premier (*je le tiens*) avait mis bon ordre à ce que le « *je l'envie* » du second fût jamais autre chose qu'un impuissant désir.

Après le meurtre du duc d'Orléans, Robert de Bar, le fils de Marie, voulut se mettre en possession de la succession du sire de Coucy, son aïeul. Mais il rencontra encore l'opposition de sa tante Isabelle, qui dirigea contre lui le procès qu'elle avait intenté à sa sœur et au duc d'Orléans. Enfin, par arrêt du 11 août 1408, la moitié de Coucy, de Marle, de La Fère et d'Origni, le quart de Mont-Cornet et de Pinon, et le cinquième de Ham furent adjugés à Isabelle. Mais, celle-ci étant morte en 1411 et ayant été suivie six mois après de sa fille Marguerite, la portion de l'héritage de l'illustre Enguerrand que le duc d'Orléans n'avait point achetée, c'est à dire payée, revint à Robert de Bar.

Mais elle y revint dévastée, ruinée, dans le sang, les larmes et la misère. La ville de Ham, en cette même année 1411, offrit le tableau de toutes les désolations dont, à cette époque malheureuse, la France fut affligée par les factions et la guerre civile, cent fois plus implacables que la guerre et l'invasion de l'étranger.

Les enfants du duc d'Orléans avaient hérité des ambitions de leur père, accrues encore de toutes les ardeurs d'une légitime vengeance. Le duc de Bourgogne triomphant, à qui le peuple criait : *Noël!* poursuivait sur les fils et sur leurs amis, par la guerre, la spoliation et l'exil, l'œuvre de son élévation sans partage, qu'il avait préparée par l'assassinat du père. Les uns perdaient la vie comme Jean de Montagu, d'autres leurs charges comme le connétable d'Albret, qui fut démis pour Valleran de Saint-Pol, et l'amiral Clugnet de Brabant pour Jacques de Châtillon. Vivement offensés de ces persécutions contre leurs partisans, les princes d'Orléans s'étaient retirés de Paris. Assemblés à Gien, ils avaient formé contre le duc de Bourgogne une ligue dans laquelle étaient entrés les ducs de Berry, de Bourbon et de Bretagne, les comtes d'Alençon et de Richemont, le comte d'Armagnac, dont le duc d'Orléans épousa la fille, et ce même Charles d'Albret, à qui le roi, son cousin par alliance, venait de laisser enlever l'épée de connétable, mais à qui en 1390, il avait donné pour cadeau de noces, à Toulouse, deux quartiers des armes de France.

Cette ligue dressée, les deux partis avaient pris les armes. Les Orléanais s'étaient emparés par surprise de Roye et de Chauny-sur-Oise, et avaient fortifié Ham et plusieurs autres places sur l'Aisne, l'Oise et la Somme.

« Le duc de Bourgogne, véritablement acerténé, dit Monstrelet, comment le duc d'Orléans et ses alliés se mettaient en grande puissance pour lui venir courre sus en ses pays, et déjà avaient assis leurs garnisons en plusieurs villes et forteresses appartenant à lui et aux siens ; il ne fut pas de ce bien content. Ayant rassemblé toutes ses troupes, Bourguignons, Artésiens et Flamands, entre les rives de la Scarpe et de l'Escaut, il traverse l'Artois, entre dans la Picardie et vient former le siége de Ham. »

« Extrêmement fortifiée, dit Velly, d'après la chronique de Monstrelet, et défendue par une nombreuse garnison sous les ordres du connétable d'Albret, la ville soutint les premières attaques avec vigueur. Les assiégeants se servirent de pièces d'artillerie appelées *ribauldequins*, coulevrines de fer de la grosseur à peu près d'une pièce de campagne moderne, posées sur deux roues. La place, malgré l'intrépidité de ses défenseurs, ne pouvait tenir longtemps contre une artillerie qui nuit et jour foudroyait ses remparts. Après plusieurs assauts, d'Albret jugeant sa perte inévitable, proposa de capituler. Sur le refus qu'on lui fit de le recevoir à composition, ne consultant plus que son courage et son désespoir, il sort à la tête de ses troupes, fond sur un quartier des assiégeants, renverse tout ce qui s'oppose à son passage, et par cette audace imprévue étonne tellement les ennemis qu'ils ne songent pas à le poursuivre. Il alla joindre l'armée orléanaise, n'ayant perdu qu'un petit nombre des siens dans une retraite si hardie. »

D'Albret avait amené avec lui ceux d'entre les bourgeois qui lui avaient témoigné quelque faveur. Ceux qui attendirent les Bourguignons avaient, au contraire, prouvé leur dévouement au comte de Nevers, et ils comptaient sur sa protection. Mais « la place livrée aux assiégeants éprouva toutes les horreurs qu'on pouvait attendre d'un vainqueur sans pitié. Les milices de Picardie entrèrent les premières le fer et la flamme à la main, pillant, violant et massacrant tout ce qui se présentait, sans distinction d'âge ni de sexe. Tandis que ces brigands, indignes du nom d'homme, assouvissaient de carnage leur féroce avidité, les Flamands, furieux d'avoir été prévenus par les Picards, s'étouffaient aux portes pour accourir partager la destruction de cette malheureuse ville. Las d'immoler des citoyens sans défense, on voyait ces scélérats s'égorger les uns les autres pour s'arracher les dépouilles sanglantes qui devenaient la proie du plus fort. Lorsqu'ils ne virent plus d'objets propres à exciter leur avarice ou leur cruauté, ils réduisirent la ville en cendres. Il ne se sauva du carnage et de l'embrasement que six religieux, précédés de leur prieur, portant la croix, qui furent escortés jusqu'aux tentes du duc de Bourgogne. »

Robert de Bar, créé comte de Marle, grand bouteiller de France et premier président-lay de la chambre des comptes de Paris, n'eut pas le temps de voir sa ville de Ham se relever de ses ruines.

Après une *paix plâtrée* conclue à Pontoise en 1413, les princes ligués avaient pris leur revanche. Réunis au dauphin, qui fut depuis Charles VII, ils entrèrent dans Compiègne, qui se rendit sans coup férir, forcèrent Soissons, qui fut cruellement saccagé, s'emparèrent de Bapaume et mirent le siége devant Arras. Là, une paix nouvelle fut conclue avec les Bourguignons, en présence du danger commun qui allait naître de l'expiration des trêves avec le roi d'Angleterre, lequel ne demandait cependant pas mieux que de les renouveler. Mais le refus qui lui fut fait de la main de Catherine de France, changea ses projets d'alliance en une résolution de guerre. Les premiers résultats en furent le siége et la prise d'Harfleur, et l'invasion de la France par une armée de trente mille hommes.

Le péril de la France assembla enfin tous ces princes, tous ces seigneurs, qui se décimaient. Ils se trouvèrent réunis et en armes à Azincourt, le 25 octobre 1415. « *Comme si Dieu eût voulu,* dit un vieil historien, *estropier tout à la fois la France de ses plus nobles membres,* » dans cette malheureuse bataille d'Azincourt, l'une des plus terribles de notre histoire, et qui n'a eu d'égale que celle de Waterloo, livrée quatre siècles après, an pour an et presque jour pour jour, — comme si un chiffre cabalistique était fixé pour le retour de nos revers ! Là fut complétée la terrible besogne des journées déjà si désastreuses de Crécy et de Poitiers, et des sanglantes querelles d'Armagnac et de Bourgogne, qui avaient appauvri la France de tant d'hommes généreux et braves. Jamais champ ne fut noyé de tant de noble sang, ni jonché de plus de princes ! Le nombre des morts se porta à six mille, presque tous gentilshommes, dont cent vingt portaient bannière. Là, perdirent la vie le duc de Brabant et le duc de Nevers, frères du duc de Bourgogne; mais, à leur éternelle honte, le duc de Bourgogne et son fils ne se trouvèrent pas à ce sublime rendez-vous de la France contre l'étranger! Là tombèrent aussi percés de coups, sur les cadavres ennemis dont ils avaient fait une ample jonchée, le duc d'Alençon, le duc de Bar et Jean son frère, oncles de Robert de Bar, comte de Marle et seigneur de Ham, tué aussi avec eux; le grand chambellan Louis de Bourbon, fils de Jacques; Charles d'Albret, connétable de France et chef de la bataille; l'amiral Jacques de Châtillon, le seigneur de Rambure, grand maître des arbalétriers; Guichard, dauphin d'Auvergne, grand-maître de France; les comtes de Vaudemont, de Rouen, de Grandpré, de Blamont et de Foukemberg; les Vidames d'Amiens et de Laonnais, l'Étendard, seigneur de Créquy, le seigneur de Crouy et Jean son fils, Matthieu et Jean de Humières, Raoul de Mesle, et messire Jacques de Ham. Quatre siècles encore après ce grand désastre, on aime à fouiller dans cet obituaire de la noblesse de notre vieille monarchie, pour remettre en lumière tous ces illustres morts. Le patriote les confond dans l'admiration qu'inspirent de nos jours tous ces illustres soldats de la République et de l'Empire, — France nouvelle *estropiée aussi de ses plus nobles membres !* — dont les statues, dressées aujourd'hui dans la galerie de marbre de Versailles, portent sur leur socle, au-dessous de leur nom, de la date et du lieu de leur naissance, le nom du champ de bataille et la date du jour où ils furent tués pour l'honneur et pour l'indépendance de la France.

JEAN DE LUXEMBOURG.

VI.

JEAN DE LUXEMBOURG.

Ham passe dans la maison de Luxembourg. — Mort de Charles VI.— Déchéances des races royales. — Parlements et factions de l'étranger.—Cours des pairs.— Charles VII proclamé roi. — Xaintrailles à Ham, qui arbore la bannière royale. — Ham repris et horriblement saccagé par son propre seigneur Jean de Luxembourg. — Causes de l'affaiblissement de la féodalité. — Sa ruine prochaine.

Comme Jean II,—comme Enguerrand de Coucy, son aïeul, Robert de Bar, tué à Azincourt, ne laissa point d'enfants mâles. Il n'eut qu'une fille de Jeanne de Béthune, vicomtesse de Meaux, qui se remaria et porta en douaire la ville de Ham et la seigneurie d'Oisy, à Jean de Luxembourg, seigneur de Guise.

Alors avait été accompli le projet formé par le Dauphin pour conserver le royaume «*de servir*, comme dit un vieil historien, *le duc de Bourgogne à Montereau de la même perfidie dont celui-ci avait servi le duc d'Orléans,*» près la porte Barbette. Le roi Henri d'Angleterre avait succombé à Vincennes, dévoré du feu de Saint-Antoine, qui arrêta ainsi la coupe réglée des exactions, des insolences et des tyrannies de tout genre, à laquelle ce formidable envahisseur avait soumis la France, que les haineux Bourguignons, l'infâme Isabelle, et les cupides bourgeois de Paris venaient de lui livrer, à titre de présent de noce. Le malheureux roi Charles VI, peu de temps après son gendre, avait clos par sa mort ce long règne de quarante-deux ans, que se partagèrent des querelles de régence, des antagonismes de favoris, et cette sombre démence qui mit presque la France au tombeau, où il descendait. «*Exclu, banni à perpétuité des royaume et couronne de France*» par arrêt du parlement et de la cour des pairs; — assemblées de traîtres en ce temps, comme nous en avons vu nous-mêmes dans nos jours néfastes; usurpateurs des droits de tous, qui ont toujours la prétention d'imposer la perpétuité aux déchéances que leur dicte la faction de l'étranger en armes, maîtresse de Paris! — déclaré indigne de succéder à toutes seigneuries venues et à venir; après la mort de Charles VI, dont il ne porta le deuil qu'un jour, un jeune prince, avant d'ouïr la messe au château d'Espally en Auvergne, avait fait lever la bannière de la France. A cette vue les assistants, serviteurs et courtisans clairsemés de l'infortune, avaient crié selon l'usage : *Le roi est mort, vive le roi!* C'était un dauphin qui venait de succéder au roi son père; c'était un règne nouveau qui venait de s'ouvrir; c'était Charles VII, qui, sans argent, chargé de dettes, accablé d'ennemis, sans armée, avec peu d'amis certains et quelques vaillants capitaines, mais confiant dans la fortune et dans l'affection de la France, allait, pour délivrer son royaume, s'élancer de ce petit coin de terre, le seul pour ainsi dire qui ne fût point sous les ongles du léopard d'Angleterre et du lion de Bourgogne.

En changeant de maître, la ville de Ham avait été forcée de changer de bannière. En passant de la maison de Bar à la maison de Luxembourg, elle fut portée d'Armagnac à Bourgogne. En 1411, elle avait été mise à sac par les Bourguignons pour sa fidélité au dauphin et aux princes qui étaient alors le parti français ; en 1423, le vaillant Xaintrailles, dans l'une de ses courses brillantes, s'en empara au nom de ce même dauphin devenu Charles VII. Ham fut ainsi l'une des premières villes du royaume où le drapeau de la France flotta sans rival et vainqueur de la faction de l'étranger. « Dans la « nuit du 5 octobre, dit la chronique de Monstrelet, « fut prinse la ville de Hem-sur-Somme par les « gens du roy Charles que menait Pothon de Saint-« Traille, par eschelles, par faute de guet. Pour « laquelle prinse messire Iean de Luxembourg fut « fort troublé, parce que, — ajoute naïvement le « chroniqueur, — c'était à lui. Et pourtant en grand « diligence assembla ce qu'il peust assembler de « gens d'armes : à tous lesquels au tiers jour de la « prinse il chevaucha iusques à la dicte ville. Et « en grand hardiesse, tout soubdainement, feit « icelle assaillir et passer ses gens d'armes parmy « la rivière avec son estandart. Lequel porta ce « iour tres vaillamment un homme d'armes nommé Lacotin de Cambray. Finablement le dessusdit « Iean de Luxembourg reconquiest en brief la « ville sur ses ennemis. »

Xaintrailles et les gens du roi Charles n'avaient fait éprouver aucun dommage ni à la ville, ni à la garnison, ni aux habitants; mais Jean de Luxembourg, son maître et seigneur, qui la reprit peu de jours après, s'y comporta en cruel partisan de Bourgogne qu'il était. Il y eut grand massacre de prisonniers, et plus d'un serviteur du roi eut la tête tranchée. Les prisonniers faits dans le Laonnais, égorgés aussi l'année suivante par le comte de Saint-Pol, son neveu, et bien d'autres actions cruelles, prouvent que ce fut en effet une rude ennemie de la couronne, un vainqueur farouche et implacable en toute rencontre, que cette maison de Luxembourg, dans laquelle la seigneurie de Ham se continua par le mariage de Jeanne de Bar, fille et héritière de tous les biens de Robert de Bar, avec Louis de Luxembourg, seigneur de Lagny et comte de Saint-Pol, neveu du second mari de Jeanne de Béthune.

Mais pour cette fière maison de Luxembourg, appuyée à la grande maison de Bourgogne, qui s'appuyait à son tour à l'Angleterre, aussi bien que pour toutes les autres grandes races féodales, les affaires en étaient venues à ce point qu'il fallait, ou que la France renonçât pour toujours à l'unité territoriale, si péniblement réformée par Charles VII, c'est-à-dire à être jamais une nation, — ou bien qu'il n'y eût plus en terre de France une maison qui s'élevât plus haut que la maison royale.

Le corps féodal s'était appauvri et épuisé lui-même durant plus d'un demi-siècle par tous ses combats, ses déchirements, ses appels à l'étranger et ses proscriptions sans trêve ni merci auxquelles l'aidèrent si instinctivement les haines populaires. Un homme ! un seul ! pour tendre le bras et le pousser avant qu'il pût se remettre sur pied, et ce grand corps tout démembré allait être couché à terre, garrotté, saignant et nu !

Cet homme vint, et il tendit le bras.

C'était Louis XI.

LE

CONNÉTABLE DE SAINT-POL.

VII.

LE CONNÉTABLE DE SAINT-POL.

Louis XI. — Ham engagé au duc de Bourgogne par le traité d'Arras. — *La ligue du bien public.* — *Je l'ai empris.* — Les Parisiens friands d'offices. — Politique de Louis XI. — Le comte de Saint-Pol acheté par Louis XI, qui l'enlève au duc de Bourgogne. — Reconstruction du château de Ham. — *Mon mieux.* — Paix à tout prix. — *Libelles et épitaphes.* — Colère feinte de Louis XI. — Tradition de Ham. — La pêche empoisonnée servie à la dame de Montsoreau et au duc de Guyenne. — Opposition aux désirs du roi. — Défiance outrageante du connétable et entrevue avec Louis XI près de Noyon. — Perte du connétable résolue. — Le connétable livre la Picardie aux Anglais et joue tour-à-tour le roi de France, le duc de Bourgogne et le roi d'Angleterre. — Louis XI refuse de jurer par la croix de Saint-Lau. — Le connétable abandonné par le roi d'Angleterre, qui livre ses lettres, et enfin par le duc de Bourgogne, qui promet de le livrer lui-même. — Le connétable se rend à Mons. — Il est arrêté par ordre du duc de Bourgogne, conduit à Péronne, et de là à Paris. — Son procès. — Sa condamnation. — Sa mort en place de Grève. — Son talisman.

Louis XI comprit le vice de la politique des rois ses prédécesseurs. Dès-lors, toute sa vie n'eut qu'un but, toute son intelligence qu'une pensée : la réunion des grands fiefs à la couronne. Ruse, force ouverte, intrigues, révoltes payées, concessions, rigueurs, propos de commère, langue hypocrite, prodigalités et parcimonies, passions haineuses sans prétextes et sans excuses, instinct de malice et de cruauté, ingratitude sans entrailles... tout! même sa couardise, à laquelle il faisait porter le masque du bigotisme, tout lui fut un instrument pour arriver à ses fins. Faisant l'office du boucher qui irrite et lance des dogues les uns contre les autres, il armait les vassaux contre les vassaux, les suzerains contre les suzerains; il provoquait et soudoyait les révoltes des communes, et puis ne manquait jamais d'offrir et d'interposer sa médiation, qui arrachait pied ou aile aux deux partis Vainement la féodalité regimba contre la main qui la garrottait; vainement elle forma cette fameuse ligue connue sous le nom de *bien public,* faite sous le prétexte de réformer l'État, mais, en réalité, pour « *contraindre le roi de faire raison aux grands de son royaume*,» comme le signale duc de Bourgogne cédant enfin aux importunités des ducs de Bretagne et de Bourbon.—Louis XI marchait toujours à l'accomplissement de sa pensée, à travers les intrigues, les divisions habilement semées, et les paroles menteuses et dorées dont il était si habile à jeter la monnaie. Ce fut ainsi que son astuce fatigua et finit par tuer à la peine la fougue et la puissance de *son beau cousin*, Charles-le-Téméraire, dont le duché de Bourgogne fut après lui, réuni à la Couronne. Quand tout cela ne marchait pas assez vite, à sa guise, il écrivait : « *Monsieur* « *de Bressuire, mon ami, faites les préparatifs des noces* « *d'un galand avec une potence.* » Ou bien il remettait à Tristan son compère et à Olivier-le-Dain son barbier, la grande faulx qui faucha, tant et si vite dans le champ féodal les hautes herbes jusqu'à la racine, que lorsqu'il mourut il n'en voyait plus guère pointiller à travers les fenètres grillées de son châtean de Plessis-les-Tours, où, aspirant un rayon de soleil, il essayait de sourire aux danses des villageois qui s'amusaient, par ordre, devant ce singulier ordonnateur de noces féodales.

Aussi, le nouveau seigneur de Ham, Louis de Luxembourg comte de Saint-Pol, fut-il mal venu à vouloir lutter d'embûches et de fourberies avec ce roi, qui, pour réduire ses ennemis, avait plus foi dans des machinations d'intrigue que dans des *engins* de guerre.

Ham avait été l'une de *ces places sises sur la Somme,* que, par le traité d'Arras passé pour réunir toutes les forces de la France contre l'Angleterre, le roi Charles VII avait engagées au duc Philippe de Bourgogne, lequel se hâtait peu de les rendre, bien que Louis XI lui eût rendu ses quatre cent mille écus d'or.—Grave sujet de longues discordes, d'où sortit d'abord la participation du duc de Bourgogne à *la ligue du bien public*, laquelle eut pour chef de guerre le fils de ce prince, le comte de Charolais, qui, prenant la devise de son père, portait sur ses enseignes deux fusils tirant des étincelles d'un caillou, et pour son mot propre : *Je l'ai empris!* « *Possible était-ce,* dit un vieil historien, *de se faire roi de France.* » Mais le temps en était passé! Si telle eût été son envie, il serait arrivé deux règnes trop tard.

Après la bataille de Montlhéry, que les deux partis prétendirent avoir gagnée, les seigneurs ligués vinrent mettre le siége devant Paris. Alors, entre la ligue et le roi, il s'établit une singulière lutte de vénalité et de corruption pour savoir qui désorganiserait le mieux les forces des deux armées. Malgré quelques pendaisons, auxquelles Louis XI avait eu recours, les ligués avaient dans la ville des partisans qui faisaient sonner haut le *bien public*, épouvantaient les faibles par les menaces, et sollicitaient les plus puissants par le leurre des offices, « *qu'ils faisaient espérer à chacun leur souhait; par ce que*, dit Comines, *les Parisiens en sont fort friands ; mais cet appétit s'est aussi communiqué à toutes les autres villes de France. De façon que sitôt qu'un marchand a fait une bonne boutique, son fils la défait pour trafiquer de cette espèce de mauvaises denrées.* »

Les Parisiens de ce temps, avec lesquels les Parisiens de nos jours n'ont que trop de ressemblance, envoyèrent donc aux princes des députés qui, en dignes et intelligents bourgeois, commencèrent par arranger fort convenablement avec eux leurs petites affaires privées. Mais avant que rien ne fût conclu, Louis XI fut assez méchant prince que d'arriver de Normandie « *fort en état de rompre cette pratique.* » Enfin, au bout de onze semaines, le comte de Charolais ayant appris la révolte des Liégeois et des gens de Dinan, qui l'avaient pendu en effigie, par les pieds devant la porte de leur ville, et auxquels, par un tour de son métier, Louis XI avait promis faveur et assistance, la paix fut conclue le 28 octobre, et les *Malcontents* tous satisfaits; mais, de telle façon, que le roi jeta *l'Estœuf* entre eux pour les diviser. Et en effet, dans peu de temps il les eut tous mis en défiance, puis en haine les uns contre les autres.

« Son art était admirable. Il trouvait moyen de gouverner leurs maîtresses, leurs favoris et tous ceux qui les approchaient : il en étudiait les humeurs et les désirs, afin de les appâter selon leur inclination ; il caressait jusqu'aux moindres valets, achetait leur fidélité, quoi qu'elle coûtât, et ne se rebutait point pour avoir été éconduit deux ou trois fois, mais persistait toujours à force de présents et de caresses, tant qu'il eût gagné ceux qu'il croyait lui être utiles. Selon qu'il connaissait la portée de leur esprit, il en attirait les uns auprès de lui, les autres il les laissait auprès de leurs maîtres. A ceux-là il donnait des leçons et des mémoires de ce qu'ils avaient à faire, des bruits qu'il fallait semer en public, des propos qu'ils devaient tenir dans le cabinet, ce qu'ils avaient à observer dans leur contenance, dans leurs actions, dans leur entretien et dans celui de leurs maîtres; les divers sentiments, les occasions, les temps, les desseins ; enfin tout si ponctuellement qu'ils ne pouvaient y manquer. »

Dans cette grande distribution de titres, de gouvernements, d'apanages, d'offices, par laquelle fut dissoute *la ligue du bien public*,—et comme toujours le peuple de France déclaré satisfait,—le comte de Saint-Pol, soit que Louis XI le voulût rendre suspect à son maître, soit qu'il n'eût désir que de le détacher du service du duc de Bourgogne pour l'engager au sien, reçut, par lettres patentes données à Paris le 5 octobre 1465, l'épée de connétable de France, avec vingt-quatre mille livres de pension, partie du gouvernement de l'île de France et de Picardie, et, plus tard, le 1er avril 1469, le collier de l'ordre de Saint-Michel, qui venait d'être institué.

Mais toute cette haute fortune ne lui servit qu'à rendre sa chute plus assurée et plus profonde, comme il advint de la haute fortune de la plupart des autres seigneurs. Roi fait pour un tel siècle qui était fait pour un tel roi, Louis XI en avait certainement eu la prévision. Il pensait bien que,—placé entre ses devoirs nouveaux et sa vieille affection de plus de cinquante ans pour la maison de Bourgogne, comme entre les deux boulons d'un balancier dont l'un devait l'écraser s'il échappait à l'autre,—le comte de Saint-Pol ne saurait pas se maintenir. Il est, en effet, des princes si mal partagés du côté de la noblesse de l'âme et de l'élévation du caractère, que tout répugne en eux, même les dons qu'on en reçoit, et que les gens de cœur ne les servent jamais que faute d'en avoir d'autres à servir. Or, Louis XI avait la conscience qu'il était de ces princes-là.

Certainement aussi, le comte de Saint-Pol en eut le pressentiment qui apparaît dans ce mot de son humeur, MON MIEUX, qu'il fit graver et qu'on lit encore aujourd'hui au-dessus de la porte de cette grosse tour de cent pieds d'élévation, sur un diamètre de dimension égale, dont les murs ont trente-six pieds d'épaisseur, et qu'il fit élever dans son château de Ham, qu'il venait de reconstruire et d'agrandir (1). « C'est que, dit l'historien Matthieu, il croyait être certain de trouver toujours son MIEUX en cette place, au pire état de sa fortune, et voir, comme du bord de la mer, les ondes et les vents se jouer de la France. »

Durant quatre année, ce fut le connétable qui demeura chargé des négociations et accomodements entre les attaques continuelles du duc de Bourgogne et l'habile et couarde patience de Louis XI. A lui furent confiées les conditions et rédaction des trêves et traités, violés aussitôt que consentis, mais toujours renouvelés;—tant et si bien que le peuple indigné murmura contre cette *paix à tout prix*, qui laissait sans vengeance les outrages et massacres auxquels le Bourguignon ne cessait de se livrer à l'encontre des terres et sujets de France. C'est que le

(1) Voir les notes.

peuple a un instinct merveilleux qui le fait lire dans les consciences, comme Dieu même ; aussi, qui ne veut le servir loyalement ne saurait longtemps le tromper. Dans le mois de juin 1471, « *il mit et attacha à l'esclandre de monseigneur le connétable et d'autres, des libelles et épitaphes diffamatoires.* » Bien que ce ne soit point calomnier Louis XI, de dire qu'il en était l'instigateur, tenant ainsi double jeu, se servant du connétable pour accomplir ses desseins, et après en rejetant l'odieux sur le connétable pour le perdre, — habileté gouvernementale étrangement perfectionnée dans le régime constitutionnel de nos jours, — *l'esclandre* fut si grand que le roi ne put s'empêcher de faire crier à son de trompe qu'il donnerait trois cents écus d'or à qui « *sçauroit aucune chose desdits épitaphes et dénonceroit de ceux qui les avoient faits.* » Ajoutant, suivant son humeur facile en cela, que qui le « *sçauroit et ne le viendroit déclarer auroit le col coupé.* » C'est un châtiment que nous aurions mauvaise grâce à trouver exorbitant, nous qui, sans remuer, avons laissé naguère, à Paris, au mois de juin, et au plus pur du fanatisme dynastique, fleurir *le crime de non révélation,* étendu aux médecins qui n'iraient point dénoncer les blessures des coups de feu reçus dans les rues.

Sa Majesté Louis XI, au demeurant, comme toutes les Majestés, entendait peu la raillerie en matière de *libelles et d'épitaphes*, auxquels ce bon peuple de France est fort enclin de sa nature : — payant pourvu qu'on le laisse chanter, payant encore quand il ne chante plus; payant toujours! Après le traité de Péronne, s'imaginant que tout le monde se moquait de lui pour s'être laissé prendre au piége, et voulant avoir sa revanche des railleries dont il pensait que les Parisiens ne lui avaient point fait quartier, Louis XI leur fit ôter la liberté de la presse de l'époque, c'est-à-dire tous les oiseaux qui parlaient ou sifflaient en cage; leur signifiant par là qu'ils n'avaient eux-mêmes qu'à retrancher leurs caquets. C'est de quoi les Parisiens se tinrent pour bien et dûment avertis, afin de n'avoir pas affaire aux commissaires probes et libres de l'époque.

Après que, pour la forme, sans doute, ou comme moyen de se débarrasser, s'il y avait lieu, de preuves accusatrices, on eut arrêté deux ou trois personnes qui furent bien vite délivrées et dont la plus importante fut Henri Mariette, ancien lieutenant criminel de la prévôté de Paris ; les injures et épitaphes continuèrent d'aller leur train, et la justice ne s'en mêla plus. C'est, sans nul doute, quelqu'une des accusations contenues dans ces libelles, et perpétuées par la tradition, qui fait dire encore aux habitants de Ham, que la petite chambre du deuxième étage de la grande *Tour-du-Connétable* avait été destinée, par le comte de Saint-Pol, à donner à Louis XI un logement pareil à celui que le duc de Bourgogne lui avait servi à Péronne, et dans lequel le comte Herbert avait traîtreusement fait mourir Charles-le-Simple.

Si telle avait été la pensée du comte de Saint-Pol, ce n'est point l'occasion qui lui aurait fait défaut, car dans cette même année, et avant les libelles, Louis XI, en compagnie du duc de Guienne, l'éternel prétexte de la rupture des trêves, avait séjourné à Ham dans le logis du connétable, tout le temps que s'étaient pratiquées *les grandes allées et venues* des ambassadeurs du roi et du duc de Bourgogne. Ce qui dut lui faire défaut, ce fut la puissance d'abord, et le cœur ensuite. Il dut ne point se trouver de taille à mener à fin, en son MIEUX de Ham, ce que le duc de Bourgogne avait à peine osé tenter dans sa ville forte de Péronne. Le roi, du reste, n'en dut avoir aucun soupçon; car, pour dédommager sans doute le connétable des vilains bruits qui le déshonoraient, il lui donna la comté d'Eu, dont le seigneur venait de mourir,

« à la grande déplaisance du comte de Nevers, qui, écrit le continuateur de Monstrelet, *cuidoit bien jouir de ladite comté, comme son frère et vray héritier.* »

Mais le comte de Saint-Pol ne tarda pas à se mettre en opposition ouverte avec Louis XI, en poursuivant, de concert avec le duc de Bretagne, le mariage du frère du roi et de la fille du duc de Bourgogne, à qui ils promettaient de soulever toute la France en sa faveur. Mais la pêche empoisonnée que l'abbé de Saint-Jean-d'Angély servit à la collation dont le prince faisait fête à la dame de Montsoreau, ruina mieux ce projet que ne l'eussent pu faire, et le mauvais vouloir du duc de Bourgogne, qui ne s'en servait que pour donner à songer au roi et tâcher de retirer ses villes d'Amiens et de Saint-Quentin, et les appréhensions de Louis XI lui-même qui se souvenait de Péronne, et les intrigues du roi d'Angleterre qui redoutait de voir, par cette alliance, la maison de France devenir trop puissante. — Oubliant les uns et les autres, dans leurs passions aveugles, que ce pauvre duc de Guyenne, sans duché comme il l'avait été de Berry et de Normandie, était un jeune homme d'un esprit faible, sans expérience ni courage, qui, après la bataille de Montlhéry, ayant vu sept ou huit cents blessés se traîner par les rues d'Etampes, sentit son cœur défaillir, et dit que s'il avait pensé de voir être la cause de tant de maux, il aurait mieux aimé que la *ligue du bien public*, dont il était le prétexte, fût encore à commencer.

De l'opposition ouverte, le comte de Saint-Pol passa bien vite à l'offense par un témoignage public de sa défiance en la parole royale.—Rien n'offense et n'irrite, en effet, un astucieux dresseur d'embûches, comme d'avoir affaire à un adversaire aussi fourbe que lui, mais qui, pour le déjouer, jette soudain le masque et prend ostensiblement toutes les précautions imaginables, autant pour le décrier que pour le réduire à l'impuissance.

Courroucé de ce que le connétable avait pris et retenu en ses mains, avec les cent lances qui la gardaient, la ville de Saint-Quentin, dont il avait *déchassé et boutté dehors* le sire de Creton, qui la tenait au nom du roi, Louis XI eut avec lui une entrevue qu'il faut lire dans les vieux historiens, parce qu'elle explique merveilleusement la position que les souvenirs du pont de Montereau et de la grosse tour de Péronne avaient faite au suzerain et au vassal.

« Le connétable, aussi vain que défiant, capitula des formes de cette entrevue comme avec son égal, et voulut avoir des sûretés. Même, le lieu ayant été choisi à trois lieues de Noyon, tirant vers la Fère sur une petite rivière, il fit dresser une barrière sur une chaussée qui y était, et relever les grès de son côté. Au jour assigné, il s'y trouva le premier, accompagné de trois cents hommes d'armes, ayant une cuirasse sous sa robe. Le roi s'y rendit peu après avec six cents, entre lesquels était le comte de Dammartin. Le connétable, appuyé sur la barrière, s'excusa de ce qu'il était venu armé, sur ce qu'il craignait Dammartin, son ennemi, lequel il savait être en sa compagnie. Le roi accepta ses excuses, loua sa prudence, et, par des caresses extérieures, essaya de cacher le ressentiment qu'il avait de cette bravade, l'assurant d'une oubliance de tout le passé, et d'une sincère affection pour l'avenir. Possible, le disait-il tout de bon; au moins le connétable le croit; et, passant légèrement d'une superbe défiance dans une trop dangereuse crédulité, franchit la barrière et le suit à Noyon. Là, il lui renouvelle les promesses de fidélité, et jure de se départir de toutes intelligences et pratiques qu'il pouvait avoir avec ses ennemis. En revanche, le roi lui fait bonne chère, prend la peine de les accommoder lui et Dammartin, traite d'affaires en secret avec lui; puis, au bout de quelques jours, il le renvoie sûrement avec mille embrassades. Mais, quand ils se furent séparés, l'un et l'autre, repensant profondément à la faute qu'ils avaient faite, ils retombèrent dans une plus grande haine et dans une plus forte défiance qu'auparavant »

Alors fut résolue la perte du connétable, qui avait été jurée déjà d'un commun accord avec les princes. Et, cette fois, le duc de Bourgogne aura le loisir d'y entendre.

Bien qu'il aimât mieux laisser faire la guerre par les autres, pour en tirer profit, Louis XI avait été contraint d'armer. Ce fut dans une des nombreuses déroutes des garnisons de Bourgogne, que fut pris Jacques de Saint-Pol, qui, gagné par les paroles emmiellées du roi, révéla toutes les menées du connétable son frère. Sur cela, « le roi envoie ordre au connétable de se mettre aux champs; mais il n'a pas été dehors deux ou trois jours, que les transes de son esprit alarmé par ses trahisons, » lui rappellent le mot de son humeur et le font rentrer dans la ville où il devait toujours trouver son *mieux*. Ainsi, sans que le connétable y mît obstacle, furent ravagées par les Bourguignons toutes les frontières de la Picardie.

Ce n'est pas tout. Le roi d'Angleterre débarqua à Calais avec une armée nombreuse, envoyant au roi par un héraut force rodomontades sur ses droits à la couronne de France. Ce n'étaient point les rodomontades qui effrayaient Louis XI ; mais il redoutait deux choses : l'une, qu'au premier revers ses sujets ne l'abandonnassent,—tant il avait la conscience d'avoir été économe de leur sang et de leur or, et soigneux de leur honneur ! — l'autre que le connétable ne livrât ses places. Il songea donc tout d'abord à apaiser l'étranger sur qui pouvait s'appuyer une révolte.

« Admirez sa conduite. Il entretient le héraut en particulier de mille belles raisons, qui pouvaient ou chatouiller Edouard, ou lui bailler à penser, ou l'irriter contre le Bourguignon ; le prie de les lui faire entendre ; lui donne trois cents écus et une pièce de velours, et lui en promet dix fois autant s'il fait quelque chose pour lui. Le héraut, leurré par ses appâts, rapporte le tout à son maître, et sème dans son esprit des considérations dont vous verrez le fruit (1). »

Ces affaires arrangées, Louis XI fait inviter le

(1) Mézeray.

connétable à le venir trouver. Celui-ci s'en excuse ; et comme le roi le presse, le comte lui fait demander de jurer sur la croix de Saint-Lau qu'il ne lui sera fait aucun mal. Ce n'est point un serment de plus ou de moins qui pouvait retenir Louis XI ; quitte, après l'avoir violé, pour en demander pardon à la vierge d'Embrun, dont l'image de plomb était à son bonnet. Mais, s'il n'avait pas grande frayeur d'un faux serment, Louis XI avait, en revanche, une terrible peur de la mort. La croyance populaire était que quiconque faisait un faux serment sur la croix de Saint-Lau ne passait point le bout de l'année. Entre mourir et laisser pénétrer son dessein, le roi se décida pour le second parti ; il répondit donc qu'il avait « *juré, au contraire, de ne jamais faire ce serment à aucun homme vivant !* » — Eh, mon Dieu ! pour qui le réservait-il donc ?

Mais Louis XI mentait bel et bien ; ce serment, il l'avait fait à Lescun. Seulement, n'ayant pas envie de le tenir au connétable, il en offrit cent autres. Il voulait bien, pour se venger, exposer le salut de son âme, comptant sur l'absolution ; mais il ne voulait point hazarder sa vie, ayant moins de foi au médecin du corps.

Sur ces entrefaites, le duc de Bourgogne et le

roi Edouard s'entendent à Calais pour envahir de nouveau la France. Le duc envoie donc vers le connétable pour le sommer de lui rendre, selon sa promesse, St-Quentin, qu'il avait pris au roi pour cette fin. Mais le connétable fait tirer sur les gens du duc de Bourgogne et du roi d'Angleterre, à qui cependant il fait donner avis qu'il n'agit ainsi que pour reconquérir l'affection de son roi, et conserver sa réputation jusqu'au moment où ils seront assez forts pour que son crédit ne leur soit plus utile. Sur cette réponse, ils s'avancèrent avec leur armée. Afin d'éprouver sa parole, ils vont à Péronne, de là, à Saint-Quentin.

Mais le remords était sans doute venu au connétable ; et la garnison chargea à bon escient les troupes qui se présentèrent. Edouard ne se contint plus en présence de ce qu'il appelait la trahison « d'un homme, qui était son oncle, qui l'avait tant sollicité de venir, et qui avait si mortellement offensé le roi de France. » Louis XI vit que le moment était arrivé d'en finir avec les fatales incertitudes du comte de Saint-Pol, et une trêve de neuf années fut conclue avec le roi d'Angleterre.

« Ce coup étourdit bien fort le connétable. Toutefois, ayant recours à ses finesses, il envoie

Creuille vers le roi l'assurer de son service, et veut faire passer la fourbe qu'il a jouée aux Anglais pour une preuve de fidélité. Mais le roi trompe le trompeur; car il fait cacher Contay, prisonnier de guerre, derrière une tapisserie, pour écouter Creuille, qui jasait et contrefaisait les postures et la voix du duc. D'autre côté, le connétable envoie son confesseur à Edouard, lui dire qu'il ne se fie point à la parole du roi, qu'il n'attende pas qu'il lui baille Eu et St-Valéry, pour hiverner, mais qu'il s'en saisisse par force; même il lui offre cinquante mille écus pour aider à faire la guerre. Edouard répond à son agent : Dites à votre maître que c'est un moqueur; que je ne me repens point de la paix, puisqu'il s'est repenti de ce qu'il m'a promis; mais qu'il prenne garde à ne se pas repentir quelque jour de s'être repenti. »

Et, en effet, lorsque le 29 août, aux conférences de Pépuigny, où il fut stipulé pour les ducs de Bretagne et de Bourgogne, on en vint à l'article du connétable, le roi d'Angleterre, quoique son neveu, édifia sur toutes ses perfidies, le roi, à qui pour preuve il remit deux de ses lettres. Déjà le roi avait en mains celles que le connétable écrivit à Pierre de Bourbon, lorsqu'il engagea ce seigneur à se mettre du parti du duc de Bourgogne. Louis XI, dès-lors, n'eut plus de cesse qu'il ne fût arrivé à ses fins contre le connétable. Malgré l'avis de tous ses conseillers,—car seul il avait son dessein,—il fit directement la paix avec le duc de Bourgogne. Dans cette réconciliation du suzerain et du vassal, il arriva au connétable seigneur de Ham ce qui était arrivé au comte de Vermandois quand le duc de France fit sa paix avec Louis-d'Outremer : il en paya les enjeux. Il fut convenu que si le duc de Bourgogne le pouvait livrer, c'est lui qui aurait ses places et son argent.

« Après ces traités, dit l'historien Matthieu, qui écrivait en 1610, le connétable n'est plus qu'un arbre battu par trois vents contraires, qui néanmoins s'accordent pour le renverser. » Et, comme dit Mézerai : « *Il ne sait plus que faire, sinon de mourir en sa peau comme le renard.* » Mais, frappé de vertige, le connétable n'eut pas le courage de la partie qu'il avait jouée, et il chercha à ne la point payer. Il dépêcha vers le roi pour le supplier de ne pas croire tous les mauvais propos débités sur son compte ; et, au même instant, Edouard renvoyait à Louis XI la lettre que le connétable lui venait d'écrire à Calais, et dans laquelle celui-ci lui disait « *qu'il étoit, lui Edouard, un lasche, déshonoré et povre roy, d'avoir fait ledict traité de Pecquigny aveque le roy, soubs ombre de promesses, qu'il lui avoit faictes, dont il ne lui tiendroit rien, et qu'il s'en retourneroit deçeu.* »

Louis XI, cependant, fit bon accueil à l'envoyé du comte, et lui dit qu'il souhaiterait bien voir son maître, et *qu'il aurait besoin de sa tête*, pour quelque affaire d'importance. Dans ce cruel et involontaire, mais intelligible jeu de mots, il n'y avait pas de quoi rassurer le seigneur de Ham. D'ailleurs il venait de perdre sa femme, Marie de Savoie, sœur de la reine ; et la vengeance du roi n'avait plus de chapitre de considérations qu'elle pût feuilleter. Au moment du danger suprême, Saint-Pol vit enfin que son MIEUX et Saint-Quentin lui-même ne pourraient plus suffire à abriter sa mauvaise fortune. Il se jeta donc dans les bras de celui qu'il devait regarder comme le moins implacable de ses ennemis. Il part à petit train et à moindre bruit, et se rend à Mons, chez le seigneur d'Aimeries, sénéchal du Hainaut et son ami le plus assuré. Sachant que le connétable a déserté sa forteresse de Ham, le roi la fait prendre et en donne avis au duc de Bourgogne, qui était au siége de Nancy. Le duc mande à Aimeries de garder le connétable, et le fait ensuite conduire à Péronne. « Mais il différait de jour en jour de le livrer, et avait pris terme de huitaine, faisant son compte que dans ce temps il aurait Nancy, et puis trouverait invention de retirer sa parole. » C'eût été sans doute le plus honnête parjure qu'il eût pu commettre. Mais le siége traînait en longueur par les trahisons de l'Italien Campobasso. D'un autre côté, « sommé par Louis XI d'exécuter ce qui était convenu entre eux, c'est-à-dire, de faire lui-même justice au connétable ou de le livrer au roi, » le duc de Bourgogne ne pouvait plus reculer; il prit ce dernier parti et le fit remettre, avec toutes les lettres scellées qui pouvaient le perdre, au bâtard de Bourbon, amiral de France, et au seigneur de Saint-Pierre. Quelques moments après, une pensée meilleure lui amenant le repentir dans l'âme, le duc dépêcha un ordre tout contraire; mais ceux qui le portaient arrivèrent trois heures trop tard. Le comte de Saint-Pol, vêtu d'une cappe de camelot doublée de velours noir, « *dedans laquelle il estoit fort embronché, et monté sur un petit cheval à courts crains fort velus,* » était entraîné en grande hâte vers Paris, où il fut déposé à la Bastille.

Il y trouva le chancelier et les présidents du parlement qui l'attendaient. Son procès fut instruit rondement; *ses interrogatoires et confessions* furent mis sous les yeux du roi ; et, le dixième jour de décembre, le seigneur de Saint-Pierre, qui avait la garde de sa personne, entra de grand matin dans sa chambre et lui dit : — « *Monseigneur, que faites-vous? dormez-vous? Et le connétable lui répondit : — Nenny, longtemps a que ne dormi; mais suis ici où me voyez, pensant et fantasiant.* » Conduit au palais de justice en compagnie du prévôt de Paris, ce dont il fut passablement épouvanté, le connétable en montant les degrés trouva les seigneurs de Gancourt et Hesselin qui le saluèrent et le firent bien venant ; — ce qui devait le fortifier dans les pensées que lui avaientinspirées les bonnes paroles dont le seigneur de Saint-Pierre n'avait cessé de l'entretenir.

Entré dans la tour criminelle du parlement, il trouva monseigneur le chancelier, *qui à lui s'adressa, en lui disant telles paroles :*

« Monseigneur de Saint-Pol, vous avez été par cy devant, et jusques à présent tenu et réputé le plus sage et le plus constant chevalier de ce royaume. Et puis doncqnes, que tel avez été jusques à maintenant, il est encore mieux requis que jamais qu'ayez meilleure constance qu'onques vous n'eustes. Et puis lui dit : —Monseigneur, il faut que vous ostez d'entour de vostre col l'ordre du roy, que vous y avez mise.

« A quoi respondit ledit de Saint-Pol, que voulontiers il le feroit. Et, de fait, meit sa main pour la cuider oster, mais elle tenoit par derrière à une espingle, et pria audit de Saint-Pierre qu'il luy aydast à l'avoir ; ce qu'il feit. Et icelle baisa et bailla audit monseigneur le chancelier.

« Et puis luy demanda ledit monseigneur le chancelier, où estoit son épée, qui baillée luy avoit esté, en le faisant connestable.

« Lequel respondit qu'il ne l'avoit point, et quand il fut mist en arrest, que tout luy fut osté ; dont par mondit seigneur le chancelier fut tenu pour excusé. »

Cela fait, le président de Popincourt lui prononça l'arrêt par lequel la cour le déclarait : « Crimineux du crime de lèze-majesté et comme tel le condamnait à souffrir mort, c'est à savoir qu'il serait décapité devant l'hôtel de la ville de Paris, et toutes ses seigneuries, revenus, et autres héritages acquis et confisqués au roy. De laquelle sentence le comte se trouva fort perplexe et non sans cause, car il ne cuidait point que le roy ne sa justice le deussent faire mourir. — Et dit alors :

« Haa! Dieu soit loué! veez-ci bien dure sentence, Je lui supplie et requiers qu'il me donne grace de bien le cognoistre aujourd'huy. Et si dit outre à M. de Saint-Pierre, ce n'est pas cy ce que m'avez toujours dit. »

Mais, que M. de Saint-Pierre y pouvait-il?

Après être demeuré jusque vers deux heures de l'après-midi entre les mains des quatre docteurs en théologie qu'on avait donnés à sa conscience, et avoir entendu chanter *une messe dont il se contenta assez, puisqu'on refusait de lui donner le corps de Jésus-Christ*, le connétable mangea un peu de pain bénit, et remonta à cheval pour s'en aller en place de Grève, où plusieurs échafauds avaient été dressés pour son exécution. Les formalités du greffier du parlement furent promptement remplies.

« Et après qu'il eut dit son oraison, et se fut levé debout, vint à luy un nommé Petit-Jean, fils de Henry Cousin, lors maistre exécuteur de la haute justice, qui apporta une moyenne corde dont il lia les mains dudit de Saint-Pol; ce qu'il souffrit bien bénignement. Et en après, le mena ledit Petit-Jean, et feit monter dessus le petit eschauffault, dessus lequel il s'arresta et tourna le visage par devers ledit chancellier de Gancourt, prévost de

Paris, le seigneur de Saint-Pierre, le greffier civil de ladicte cour, le sire Denys Hesselin et autres officiers du roy, nostre sire, estans illecques en bien grand nombre, en leur criant mercy pour le roy! et leur requerant qu'ils eussent son ame pour recommandée. Non pas (comme il leur dit) qu'il n'entendoit pas qu'il leur coustast riens du leur.

« Et aussi se retourna au peuple estant du costé du St-Esprit, en leur suppliant aussi de prier pour son ame. Et puis s'en alla mettre à deux genoux dessus un petit carreau de laine aux-armes de ladicte ville, qu'il meit à point et le remua de l'un de ses pieds : où il fut illec diligemment bandé par les yeux, par ledit Petit-Jean tousjours parlant à Dieu et à ses confesseurs, et souvent baisant la croix. Et incontinent ledit Petit-Jean saisit son espée que son dit père luy bailla, dont il feit voller la teste de dessus les espaulles si tost, et si transivement que son corps cheut à terre aussi tost que la teste : laquelle teste incontinent après fut prinse par les cheveux par iceluy Petit-Jean, et mise laver en un seau d'eaüe estans près d'icelle, et puis mise sur les appuies dudit petit eschauffault, et monstrée aux regardants ladicte exécution, qui estoient bien deux cens mille personnes et mieux. »

Le continuateur des chroniques de Monstrelet rapporte un fait précieux comme trait caractéristique des mœurs du temps de Louis XI. Après avoir été confessé et au moment de monter sur l'échafaud, le connétable dit à son confesseur, le cordelier Sordun ; « Beau-père, veez-cy une pierre que j'ay longuement portée en mon col, et que j'ay moult fort aymée, pour ce qu'elle a moult grande vertu ; car elle résiste contre tout venin, et préserve aussi de toute pestilence : laquelle pierre je vous prie que portez de par moy à mon petit-fils, auquel direz que je luy prie qu'il la garde bien pour l'amour de moy : laquelle chose luy promeit de faire. » Mais monseigneur le chancelier décida qu'elle serait *baillée au roy pour en faire son bon plaisir.*

Hélas ! les pierres avaient peu servi au comte de Saint-Pol ! — celle qu'il portait au cou, non plus que celles si épaisses de son château de Ham ! Pas plus dans les unes que dans les autres, il n'avait trouvé son Mieux aux jours de sa mauvaise fortune. — Louis XI les eut toutes avec sa vie.

Ainsi périt misérablement, à l'âge de 57 ans, Louis de Luxembourg, comte de Saint-Pol, seigneur de Ham et connétable de France. Ainsi fut ajouté un nom illustre à la liste déjà longue des Nemours, des Alençon, des Armagnac et de tant d'autres seigneurs que Louis XI dépêcha de ce monde. — Longue traînée de sang et de cadavres, par laquelle ce terrible faucheur de têtes féodales fit passer la royauté pour la mettre *hors de pages!* Sans doute les embûches et les trahisons de tous ces suppliciés avaient été nombreuses; mais en ces temps où la nationalité française n'était non plus assise que les idées de fidélité et de devoir, ce fut le tort de l'époque plus encore que le crime des hommes.

LA MAISON DE VENDOME.

VIII.

LA MAISON DE VENDOME.

Mort de Charles-le-Téméraire. — Pierre de Luxembourg à Gand auprès de Marie de Bourgogne. — Le duché de Bourgogne dans la maison d'Autriche. — Ham passe à la maison de Bourbon-Vendôme. — Régence de la dame de Beaujeu. — Actions de la France en dehors de ses frontières. — François de Bourbon, comte de Vendôme et seigneur de Ham, accompagne Charles VIII dans la guerre d'Italie. — Sa mort. — Son tombeau. — Le duc de Vendôme, Charles de Bourbon, seigneur de Ham sous François Ier. — Grand homme de guerre et grand homme d'État. — Défaite de Pavie. — Le duc de Vendôme défend et sauve la Picardie en 1525. — Ham assiégé par les Anglais et défendu par Amé de Sarebruck. — Fin de la captivité de François Ier. — Patriotique et nationale assemblée des notables à Cognac pour maintenir l'intégrité du territoire. — Les Impériaux chassés de Péronne par le duc de Vendôme. — Ham passe à la maison de Navarre, de là à la couronne de France.

Après la mort du connétable, la ville de Ham, suivant les conventions dont la tête du comte de Saint-Pol avait été le prix, s'en alla au duc de Bourgogne; mais elle fit retour à Louis XI, après qu'une *coureuse Bourguignone* eut trouvé dans un fossé du champ de bataille de Nancy, sous la neige et la glace, percé de coups, la tête fendue jusqu'aux dents d'un coup de hache, le corps de ce puissant et terrible feudataire.

Fils du connétable, — Pierre de Luxembourg, deuxième du nom, comte de Saint-Pol, seigneur de Ham, chevalier de la Toison-d'Or, suivit la fortune de la désolée et abandonnée orpheline Marie de Bourgogne. Il se trouva auprès d'elle le jour où les Gantois firent à cette princesse l'affront de lire en pleins états, une de ses lettres que le perfide Louis XI leur avait livrée. Il était aussi auprès d'elle le jour où, pour demander la grâce de deux serviteurs condamnés à mort, elle s'agenouilla sans la pouvoir obtenir à l'hôtel de ville, et ensuite sur la place publique, en habit de deuil et toute échevelée.

L'artificieux et cruel Louis XI avait trouvé plus assuré pour saisir le duché de Bourgogne, d'en perdre l'héritière dans l'esprit de ses peuples, que de la donner en mariage à aucun de ses seigneurs, ni même à son fils, ne voulant pas qu'il s'élevât par une telle puissance. Le siècle suivant, la France paya cher ce refus, qui, jetant l'héritière de Bourgogne dans la maison d'Autriche, renouvela presque les funestes effets du mariage d'Éléonore d'Aquitaine avec Henri II d'Angleterre. — « En quoi, dit « un historien de ce temps, qui semble en ceci « avoir écrit du nôtre, on peut reconnaître com- « bien peu heureux sont les États qui ont des prin- « ces plus attachés à conserver l'autorité particu- « lière de leur personne, qu'à procurer l'agran- « dissement de la république que Dieu leur a com- « mise. »

Pierre de Luxembourg mourut le 25 octobre 1482, chez sa seconde fille, dame d'Enghien. Sa fille aînée, Marie de Luxembourg, comtesse de Saint-Pol et châtelaine de Ham, devenue veuve de Jacques de Savoie, comte de Romon, son oncle maternel, célèbre par le siége de Morat, se remaria en 1487 à François de Bourbon, comte de Vendôme, à peine âgé de dix-sept ans, et qui, en 1484, avait représenté le comte de Toulouse au sacre du roi Charles VIII. Étant la seule des grandes maisons de France qui tînt pour la régence de la dame de Beaujeu, digne fille de son père, la maison de Vendôme était alors fort bien en cour.

Malgré le terrible abattage pratiqué par Louis XI dans la grande féodalité, les tronçons qui restaient cherchèrent à profiter de la minorité de Charles VIII pour se reformer et se rejoindre. En tête de cette turbulence de membres atrophiés qui s'abritaient derrière les princes du sang, rejetés par les apanages dans la grande vassalité, on trouve encore un d'Orléans, nom qui avait été déjà si fatal à la France dans les questions de régence, et qui devait l'être encore. Mais, — bien que non conduite jusqu'à table rase, —la besogne de Louis XI avait été si rude qu'il suffit d'une régente, de la dame de Beaujeu, sceptre tombé en quenouille, mais en quenouille de fer, pour réduire à l'impuissance les efforts de l'hydre mutilée du vasselage. C'est à partir de ce moment que, cessant d'être absorbée et dévorée par les luttes intestines de ses ambitieux barons, la France commença à exercer une action directe hors de ses frontières. Alors furent entreprises, et ces expéditions militaires en Italie,—dont après trois siècles le Consulat à été le dernier et sublime triomphe, — et cette grande lutte, à chances diverses, mais toujours glorieuses, dans laquelle la France se mesura si bravement avec le colosse qui empêtrait les Espagnes et la vieille Germanie sous sa couronne impériale.

Le comte de Vendôme s'en alla rejoindre Charles VIII dans cette expédition d'Italie que Jean de Vert et Guillaume Briconnet, deux favoris de médiocre condition, gens d'entreprises d'autant plus hazardeuses qu'ils avaient moins à perdre et plus à gagner, mirent dans l'esprit du roi, sous le prétexte de recouvrer le royaume de Naples en vertu des droits de la maison d'Anjou, mais en réalité *pour avoir de grands emplois dans de grandes affaires*. Le comte combattit vaillamment à la journée de Fornove, la seule, à vrai dire, qui suspendit un moment la promenade triomphale des Français à travers toute l'Italie, dont les portes s'ouvraient devant les prédications prophétiques du fougueux et célèbre Jérôme Savonarole, autant au moins que devant la terreur de nos armes. Conquête rapide et facile, pour laquelle moins de cinq mois avaient suffi, et qui faisait dire au pape : « Que « Charles VIII était venu en Italie, avec la craie à la « main pour marquer les logis, et avec des éperons « de bois, comme c'était la mode de ceux qui se « promenaient par la ville. »

Le jeune comte mourut de maladie, dans le mois d'octobre qui suivit la bataille de Fornove. « Ce fut dommage, dit Philippe de Comines, car il était beau personnage, jeune et sage, et il était venu en poste parce qu'il était bruit qu'il devait y avoir bataille. » Son corps fut porté à Vendôme et enterré dans la chapelle Notre-Dame de l'église St-Georges, sous une belle sépulture de marbre, que la châtelaine de Ham, sa femme, lui fit élever contre le mur de gauche, où ils sont représentés l'un et l'autre agenouillés devant un prie-Dieu.

Après avoir été veuve 51 ans, Marie de Luxembourg, comtesse de Saint-Pol et de Vendôme et châtelaine de Ham, mourut le 1er avril 1548. Elle laissa plusieurs enfants qui ont tous illustré leur nom, mais dont le plus illustre fut Charles de Bourbon, seigneur de Ham, comte de Vendôme, père de ce cardinal de Bourbon dont la mauvaise queue de la ligue fit un roi de France *in partibus,* et aïeul d'Henri IV, par Antoine de Bourbon, son autre fils, devenu roi de Navarre.

A l'avénement de François Ier, le seigneur de Ham eut sa comté de Vendôme érigée en duché-pairie, et son frère, le comte de Saint-Pol, vit Chatelleraut élevé au même titre. Peu de maisons princières ou seigneuriales, au demeurant, méritèrent mieux que celle de Vendôme d'avoir une belle part aux largesses royales, dont Louis XII avait été *un peu chiche*, mais dont la munificence de François Ier accabla sa noblesse, qui les lui rendit en brillants carrousels, en vaillance et en hauts faits d'armes, à l'honneur, sinon toujours à la prospérité de la patrie. — Et c'est bien quelque chose pour un pays comme la France, dont la pire condition est de n'avoir ni l'une ni l'autre ! Nous le voyons bien aujourd'hui.

Le seigneur de Ham, duc de Vendôme, tira son illustration de ce qu'il fut non moins grand homme d'État que grand homme de guerre.

Tout le personnel du grand vasselage démembré ne se prêta point facilement à vivre dans l'atmosphère de galanterie énervante que François Ier fit peser sur Fontainebleau et sur Chambord. Les grands seigneurs ne se résignèrent point tous à voir les hautes fonctions qui étaient le prix de leur vaillance, devenir aussi le prix de complaisances toujours serviles, souvent honteuses. Ne pouvant plus se venger des injustices de cour, en armant comme autrefois leurs vassaux contre la couronne, ils demandèrent à l'étranger la réparation, les uns de leurs services ingratement méconnus, les autres de l'honneur que le roi avait cru leur faire en débauchant leurs filles et leurs femmes. Alors le connétable de Bourbon conduisit les bandes espagnoles à la bataille de Rebec, où commandait ce piteux amiral Bonnivet, un courtisan qui n'eut d'autres mérite que d'être un courtisan ; et le marquis de Saluces ouvrit à l'armée de Charles-Quint les champs brûlés de la Provence, qui la dévora.

Après le désastre de Pavie, contre-coup de ces mécontentements de seigneurs, qui laissa Charles-Quint sans rival, la France fut tellement éperdue qu'elle appréhendait comme présentes toutes les calamités imaginables qui pouvaient s'ensuivre. « La sagesse et la bonté que le duc de Vendôme montra envers l'État, n'aidèrent pas peu à supprimer tous les tumultes qui se fussent élevés. » D'autant que ce généreux prince, — exemple qui a été fort peu imité de nos jours! — rejeta le conseil des Parisiens, qui s'efforçaient de le porter à prendre le gouvernement des affaires durant la captivité du roi, comme étant le premier prince du sang en l'absence du duc d'Alençon. Il se contenta d'être déclaré chef du Conseil, et tout son crédit fut employé à obtenir l'obéissance du peuple et des grands pour la régente; pour cette duchesse d'Angoulême, reine-mère, qui, ayant fait servir son pouvoir à se venger du dédain dont le connétable payait ses intolérables poursuites d'amour, avait forcé ce grand capitaine à se jeter, pour leur échapper, dans cette trahison que le roi, la noblesse et surtout le royaume devaient payer si cher à Pavie (1).

Avant que cette haute dignité de premier ministre fût venue le trouver, le duc de Vendôme avait été chargé du gouvernement et de la défense de la Picardie en 1521. C'est l'année où, averti par la trêve inattendue accordée à La Mark, que Charles-Quint allait fondre sur ses terres, et où, ne se fiant que fort peu à l'intervention du roi d'Angleterre et du cardinal d'York, malgré leur brillante entrevue au camp du *Drap-d'Or,* François Ier leva une forte armée et divisa la France en quatre gouvernements; —division impolitique, en ce que la distribution de ces gouvernements, dans laquelle le connétable n'eut aucune part, causa la première explosion du ressentiment de ce prince!

Le duc de Vendôme commandait l'arrière-garde de cette armée de 50,000 hommes, dont l'avant-garde aurait dû être conduite par le connétable, qui vit encore son mérite et ses droits méconnus, et dont les historiens ont dit qu'elle aurait infailliblement écrasé à Valenciennes l'honneur et

(1) Voir aux notes l'opinion de Napoléon.

l'armée de Charles-Quint, si l'avis de Bayard, de Chabannes, de la Trémouille, de la noblesse française et des Suisses eux-mêmes, à qui « *le sang bouillait dans les veines,* » n'avait point été sacrifié à l'avis de Châtillon.

Dans l'année même de la captivité du roi, en 1525, le duc de Vendôme, poussant l'épée dans les reins, les lansquenets d'Arras, rudement battus par la garnison de Doulens, et les Wallons qui les aidaient à une revanche, prit et rasa les châteaux de Dieval, Divion, Breuil et autres places aux environs de Béthune. Il garantit ainsi d'une invasion d'Impériaux, la Picardie, l'île de France, Paris et tout le royaume. C'est quelques années auparavant que la ville de Ham, assiégée par les Anglais, fut défendue vaillamment par Amé de Sarebruck, comte de Coucy et de Braine, qui s'y était jeté à la tête d'une compagnie de cent lances, appartenant au duc de Vendôme. Les Anglais furent contraints de lever le siége, et Amé de Sarebruck reçut du roi, en récompense de sa valeur, le gouvernement de l'île de France, comme à la bataille de Marignan il en avait, au même titre, reçu les éperons de chevalier.

Dans le poste élevé où la régente l'avait placé,

le duc de Vendôme travailla sans relâche à la délivrance de François Ier, qui serait mort des ennuis de la patrie absente, si, dans sa prison de Madrid, il n'eût été visité par les consolations de sa bonne sœur Marguerite, veuve du duc d'Alençon, princesse *fort accorte,* qu'il aimait d'une tendresse si vive qu'on est allé jusqu'à en médire. Mais, quand eut été conclu ce traité de Madrid, qui, comme le traité de Brétigny sous le roi Jean, payait du démembrement du royaume la liberté d'un roi de France, Charles-Quint, qui, lui aussi, « *ne comprenait guère de l'honneur que ce qu'il rapporte*, » n'eut point une prudence à la hauteur de sa convoitise. Il le fit bien voir, quand il laissa partir François Ier avant que de l'avoir obligé à lui livrer la Bourgogne.

Comme les conseillers du roi Jean, le royal vaincu de Pavie répondit aux députés impériaux qui, l'ayant suivi à Bayonne, lui demandaient la ratification promise, « qu'il ne la pouvait donner avant d'avoir eu le consentement de ses États, d'autant que les rois de France, dit-il, ne sont qu'usufruitiers de leur royaume, et qu'ils sont obligés de le conserver en entier par le serment saint et solennel qu'ils en font le jour de leur sacre, en présence de tous leurs peuples. » Comme le roi Jean, aussi, François Ier fut en cela bravement aidé par les notables du royaume, qui, dans l'assemblée de Cognac, conclurent tout d'une voix : « Que son autorité ne s'étendait point jusque-là, que d'en pouvoir distraire la moindre partie, et qu'ils ne lui obéiraient pas là où il voudrait exécuter. » Les États de Bourgogne, poussant plus loin les choses, déclarèrent que là où, violant la majesté de la couronne, le roi les voudrait abandonner, ils prendraient les armes eux-mêmes pour se maintenir et s'efforceraient de se mettre en liberté.

Saint et patriotique exemple de nationalité, donné deux fois par cette noble et vieille nation de France, en des temps que l'on dit avoir joui cependant d'une liberté politique moins avancée que la nôtre! Exemple perdu aussi deux fois, de notre temps ;—en 1814, lorsqu'une assemblée de bavards laissa prendre tout ce que qu'il plut à l'invasion de ne point nous laisser; et où, en 1830, comprimant l'élan du peuple debout, une autre assemblée de bourgeois effrayés de l'œuvre qu'ils n'avaient point faite, mais qu'ils allaient confisquer, n'osa point se saisir des reprises que l'étranger, ce suzerain moderne de la France, avait faites sur nos frontières, agrandies par Napoléon! Exemple qui, à notre éternelle honte, sera éternellement perdu, tant que nos assemblées du monopole, se laissant guider dans l'hébêtement du présent et les fausses terreurs de l'avenir, souffriront que le droit permanent et national de la France soit vicié et dominé par l'intérêt passager et égoïste d'un homme ou d'une dynastie!

Malgré l'état désastreux dans lequel se trouvait la France de 1526, menacée sur les Alpes, sur le Rhin, sur les Pyrénées, et ayant au cœur de la Franche-Comté une armée d'Impériaux commandée par le prince d'Orange, le patriotisme du peuple, du roi et de sa noblesse fut fièrement appuyé par les armes. Après avoir dû au duc de Vendôme la délivrance de son souverain et les ratures que l'épée de la France passa sur les articles du traité de Madrid, le pays lui dut encore d'être délivré de l'armée impériale, qu'il contraignit à lever le siége de Péronne.

Grand, respecté, aimé du peuple, des seigneurs et du roi, pour ses vertus, son courage et son patriotisme, le duc de Vendôme, le dernier des seigneurs féodaux de Ham, mourut à Amiens quelques jours après sa victoire, et fut enterré dans la principale église de son duché.

Après sa mort, Ham fut porté, par Antoine de Bourbon, son fils, à la couronne de Navarre, d'où l'avénement de Henri IV le fit passer à la couronne de France.

SIÉGES ET BATAILLES.

IX.

SIÉGES ET BATAILLES.

François Ier et Charles Quint. — *Mathias vidit, Matthæus abstulit.* — Rupture de la paix de Cambrai. — Henri II envoie de Guise et une armée en Italie. — L'amiral de Châtillon devant Douai. — La ville de Lens est forcée. — Fureur des Espagnols. — Siége de Saint-Quentin. — Bataille de Saint-Quentin ou de Saint-Laurent. — Mort de Jean de Bourbon-Vendôme. — Tache de feu. — Consternation et couardise des Parisiens malgré l'*embastillement* de Paris. — Prise de Saint-Quentin. — Prise de Ham. — Retour de Guise en France. — Calais et la reine Marie. — *La paix maudite.* — Remontrances de Brissac au roi Henri II. — Énergique et beau discours de Guise, ou modèle des discours à tenir aux rois qui abandonnent leurs alliés, et consentent à l'abaissement de la France. — Ah! misérable France, que de maux! — Le XVIe siècle. — La royauté, la féodalité et la démocratie. — Catherine de Médicis. — Mort de Henri III. — Henri IV, par son abjuration, sauve la France d'une féodalité nouvelle et de la domination étrangère. — Ham occupé par la ligue. — Mouy de Gomeron. — Perfidie de Fuentès. — Siége et prise de Ham par l'armée royale. — Mort de d'Humières. — L'arbre de Gomeron. — *Ham me coûte bien cher.* — *C'est la revanche de Ham!* — Le duc d'Aumale condamné à être écartelé. — Ham engagé à Mazarin et confié au maréchal d'Hocquincourt. — Bagages de Villars. — Panique de Ham en 1793, et déplorable expédition de nuit. — Le commandant Balson et sa belle capitulation en 1815, devant une armée de 30,000 Prussiens.

François Ier était mort à Rambouillet, de la galanterie de ses mœurs.

Charles-Quint, abandonné par la fortune, qui, étant femme, disait-il, méprisait ses cheveux gris, pour sourire à la jeunesse de son nouveau rival; contraint de donner carte blanche aux princes allemands et italiens, par Henri II, qui l'avait fait *bouquer* devant Metz et Arras, lui avait arraché trois villes impériales, le Luxembourg et les Ardennes, et était allé le défier trois fois au plein cœur de son vaste empire, dont il rêvait de faire une monarchie universelle; poursuivi jusque dans son palais par les satires de gens qui étaient si hardis que d'effacer les colonnes d'Hercule de sa devise et les termes de *plus ultrà*, qu'ils remplaçaient par une écrevisse avec ces paroles *mas a tras* (plus arrière); traqué par les plaintes de Philippe, son fils, qui, ennuyé d'avoir passé l'âge de trente ans sans avoir commencé à régner, était fort dégoûté de son mariage avec Marie d'Angleterre; — car cette reine n'avait point voulu lui donner le titre de roi, et ses sujets, le poursuivant de leur mépris, ne l'appelaient dans leurs chansons et leurs placards que le *stallion* de la reine; enlacé par la Grandesse d'Espagne qui se promettait les emplois et les honneurs sous son fils, prince espagnol pur sang; pressé par ses sœurs mêmes, la reine Éléonore et la reine Marie de

Hongrie ; impotent, rongé par la goutte dans toutes ses jointures, le puissant, l'orgueilleux Charles-Quint, avait détaché, l'un après l'autre, les plus riches joyaux de sa couronne pour les passer sur la tête de son fils, et enfin sa couronne elle-même, ne se réservant que cent mille écus d'or de revenu. C'était peu pour l'empereur qui se démettait volontairement de son empire d'Allemagne, de sa souveraineté des Pays-Bas et de ses royaumes d'Espagne, de Naples et des Indes ; mais c'était trop pour le moine du couvent de Saint-Just, qui, renonçant aux grandeurs de la terre, ne voulait plus s'occuper que des sublimes folies du ciel ; — trop surtout, pour l'empereur déchu à qui, parce qu'il était né le jour de saint Mathias et qu'il mourut le jour de saint Matthieu, ses sujets inconstants et ingrats devaient donner pour toute épitaphe, ce dédaigneux jeu de mots : « ***Mathias dedit, Matthæus abstulit.*** »

La trêve de cinq années, qu'avant de se découronner, et pour ne point laisser à son fils ses inquiétudes avec ses États, Charles-Quint avait fait signer dans l'abbaye de Vaucelles, au faubourg de Cambrai, ne fut, comme dit un historien, qu'un *fil d'araignée* que, sous peu de jours, romprait le premier vent qui soufflerait de la cour de France.

En 1556, en effet, et dans un temps où la manie de guerroyer faisait si aisément prendre part aux querelles ouvertes et aux brigues cachées, deux choses qui pour lors marchaient toujours de front, la France, pour prétexte de rupture en Italie, dont depuis Charles VIII la conquête était l'objet constant de ses rêves, prit les querelles intestines de Naples. L'ambitieuse maison des Colonne y était accusée par celle du turbulent cardinal Caraffa, neveu du Saint-Père, d'avoir ourdi une conspiration contre le pape Paul IV, dont l'élection avait été l'œuvre de la France. Les Colonne étant du parti espagnol, les princes italiens du parti français, s'unirent naturellement au saint-siége. Ayant reçu à Fontainebleau, des mains du cardinal Caraffa, venu pour souffler le feu, la barrette que portaient autrefois les sénateurs romains, et une belle épée dont la garde et le fourreau étaient chargés de pierreries, avec prière au nom du pape de l'accepter pour défendre l'Église, Henri II se laissa séduire par les grands souvenirs de l'empire de Charlemagne. Il voulut aussi, comme ses prédécesseurs, accorder au saint-siége une protection qui, dans sa pensée, devait aboutir à la conquête du royaume de Naples et du Milanais, cette glorieuse chimère des règnes de Charles VIII, de Louis XII et de François Ier, à la ruine de laquelle les papes avaient toujours pris une si grande part. La cabale des Guise, dont l'ambition princière s'exaltait déjà, excitait par dessous main le cardinal, qu'ils croyaient jouer et qui espérait bien les jouer à son tour. Elle l'emporta, d'accord avec l'humeur du roi, sur les avis des plus sages conseillers.

Malgré le froid rigoureux de l'hiver de 1557, une armée française passa les Alpes. Ainsi la France, se dégarnissant de ses principales forces, les envoya se consumer en une guerre lointaine, sur les promesses d'un pape qui avait un pied dans la fosse, et qui, à l'exemple de ses prédécesseurs, nous laisserait empêtrés dans sa querelle si les affaires tournaient mal, ou se retournerait contre nous, pour en avoir les profits, si elles allaient bien.

Henri II, dont le dessein n'était pas seulement d'assister le pape, mais d'entreprendre sur les possessions d'Espagne, savait bien que la rupture de la paix suivrait l'entrée de l'armée de Guise en Italie. Il prit donc l'initiative du côté des Pays-Bas. Sans autrement déclarer le guerre, l'amiral de Châtillon fit irruption dans l'Artois, où il échoua d'abord devant Douai, qu'il croyait surprendre. Un pauvre ermite des environs lui avait enseigné l'endroit le plus bas des murailles, pour y attacher ses échelles ; la garnison et les bourgeois étaient plongés dans le vin et le sommeil ; mais les cris éperdus d'une vieille femme réveillèrent toute la ville. Un peu confus de cette mésaventure, l'amiral s'en va ouvertement forcer la ville de Lens, la pille, la brûle, ravage toute cette frontière et s'en retourne en Picardie.

Les Espagnols furieux s'assemblent à Givet, sur la Meuse, et viennent fondre sur cette malheureuse Picardie, où, cinq années auparavant, conduite par le comte de Reux, qui servait les fureurs de sa souveraine, — que les soldats français avaient chansonnée pour son intrigue amoureuse avec Barbanson, le plus beau seigneur de sa cour, — l'armée de la reine Marie de Hongrie avait porté la dévastation et brûlé Noyon, Nesle, Chauny, Roye, plus de 700 villages et cette magnifique maison de Folembray, que François Ier fit bâtir pour les plaisirs de sa chasse, et dont Henri II, en 1555, vengea la ruine par la destruction de Bouvines, du château de Dinan et du magnifique palais, qu'à son tour la reine de Hongrie avait élevé dans la ville de Bains, et orné de peintures, de statues antiques et d'ouvrages de marqueterie.

Commandée par le duc de Savoie, l'armée espagnole mit le siége devant Saint-Quentin.

« En arrivant à la Fère, puis à Ham (1), Coligny avait ordonné à la majeure partie des troupes qui se trouvaient dans ces deux villes de prendre le chemin de Saint-Quentin, afin d'aller au plus vite ravitailler cette place. Des soldats qu'il conduisait, partie resta en arrière accablée par la fatigue, partie s'égara ; il n'entra dans Saint-Quentin, le même mois, que sept cents hommes au plus. Il était impossible de trouver une place en plus mauvais état. Coligny mit toute son activité et son intelligence à créer quelques moyens de résistance. Dès le second jour, il eut le malheur de perdre Téligny, l'un de ses meilleurs officiers, qui fut tué dans une sortie. Deux jours après, d'Andelot, son frère, colonel général de l'infanterie, fut chargé par le connétable Anne de Montmorency d'introduire deux mille hommes dans Saint-Quentin, tandis que le maréchal de Saint-André faisait une fausse attaque du côté de Ham ; mais il échoua dans cette entreprise difficile. Dans une seconde tentative du même genre, il réussit cependant à entrer dans la ville avec environ quatre

(1) Voir les notes.

cents hommes et des vivres ; mais que pouvaient de si faibles ressources contre une armée nombreuse, disciplinée et fière de ses avantages? L'investissement de la place était achevé et les efforts du connétable restaient sans action sur les lignes espagnoles, qu'il eût fallu renverser et franchir pour débloquer Saint-Quentin. »

Une bataille gagnée pouvait seule dégager le pays. Après plusieurs affaires malheureuses pour nous, l'armée française, commandée par le connétable de Montmorency, offrit la bataille aux Espagnols, le 10 août, jour de saint Laurent. — « Mais, dit un historien, un étonnement universel glaça le cœur de notre armée, bien inférieure en nombre à celle de Philippe ; et l'on eût bien jugé à voir la morne frayeur de tous nos gens, que le ciel les avait condamnés à la mort. Notre infanterie ne subsista pas longtemps ; la cavalerie ennemie, se défiant de la pouvoir entamer, pour ce qu'elle se tenait serrée, attaqua à coups de canon ; si bien que l'ayant ébranlée, elle donna dedans et la défit entièrement : une partie fut taillée en pièces ; l'autre, étant dissipée en plusieurs bandes comme un troupeau de brebis écarté par les loups, tomba presque toute entre leurs mains. Les ennemis poursuivirent les nôtres jusqu'à une lieue près de la Fère, proche les fourches patibulaires : et s'ils eussent poussé leur pointe, ils eussent achevé ces malheureux débris, et pris cette ville le jour même. Tout le chemin jusque-là était couvert de morts ; mais la plus grande boucherie se fit entre Essigny-le-Grand et le château de Rizerolles, en un lieu qui s'appelle le Blanc-Fossé, pour ce que les fuyards couraient tous là, pensant se sauver en une forêt voisine. Ceux qui font le nombre des morts le plus petit en comptent cinq mille ; il y en a qui le doublent. Le bagage et le canon pris, hormis deux pièces, augmentèrent le déshonneur de cette défaite. »

Comme dans toutes les grandes batailles perdues sous la vieille monarchie, la plus large part du sang versé revint à la noblesse. Le champ de bataille en but une partie, la captivité eut l'autre. Au nombre des morts fut Jean de Bourbon, comte de Soissons, frère du prince de Condé, et le dernier des fils du duc de Vendôme, de ce seigneur de Ham que nous avons vu si grand sous François Ier. « Après maintes généreuses preuves de sa vaillance, dit un historien, il fut enlevé par les ennemis, blessé d'un coup de pistolet qu'il reçut à travers le corps, et mourut dans leur camp. Il fut regretté même du duc de Savoie, quipleura sa mort et renvoya son corps à la Fère, dans le tombeau de ses ancêtres. »

C'est plus en avant du village de Testry, non loin de Ham, où fut livrée, en 690, la bataille de Pépin contre Thierry, qu'est situé le grand Serancourt où le jeune de Bourbon fut apporté et mourut de ses blessures.

Au sujet de ce jeune prince, la tradition a conservé l'une de ces pieuses et tendres croyances par lesquelles l'imagination se plaît à faire jouer à la fatalité un rôle si puissant dans la destinée humaine. « On raconte qu'étant né au château de la Fère, vers le jour de la Saint-Laurent, il vint au monde avec une petite tache au côté, d'un rouge vif et tout semblable à un charbon allumé, laquelle alla toujours croissant jusqu'au jour de sa mort, où elle disparut sans laisser de traces. Comme si saint Laurent, ajoute le chroniqueur, l'eût estampé à sa marque pour l'avertir qu'il mourrait le jour de sa fête. »

Journée aussi funeste que celle d'Azincourt, si la France n'avait point eu en réserve son armée de Naples, la bataille de Saint-Quentin eût mis le royaume au pire état de sa fortune, si les Espagnols avaient su et osé en profiter. Ce n'est certes point la ville de

Paris qui en aurait arrêté la marche triomphante. Ses bourgeois, ses marchands étaient tellement saisis d'épouvante, que lorsqu'il s'en revint de Compiègne, où la nouvelle de ce désastre lui était parvenue, le roi les trouva qui « *ployaient bagage pour s'enfuir.* »

Paris cependant avait alors une ceinture de forts et de murailles. Non plus l'étroite enceinte de Philippe-Auguste, mais celle du règne de Charles VI, accrue du côté de Montmartre d'une courtine flanquée de bastions et bordée de larges fossés à fond de pierre, qui existait encore dans les premières années du XVIIIe siècle. Commençant au bord de la Seine, où est aujourd'hui l'Arsenal, et continuant où sont à présent les portes St-Antoine, St-Martin, St-Denis; de là, passant où se trouvent les rues de Bourbon, Petit-Carreau, Montorgueil, Neuve-St-Eustache, Fossés-Montmartre, place des Victoires, la rue de la Vrillière, le Palais-Royal, les rues St-Honoré et St-Nicaise, et finissant là aux bords de la Seine, — cette enceinte, la quatrième que Paris en grandissant devait faire éclater, était commandée par le château de la Bastille. C'était l'ouvrage de Hugues Aubriot, le crédule et mal avisé prévôt des marchands, qui, sur la foi de la parole royale, croyait élever un bastion contre l'étranger, et qui se trouva ne l'avoir élevé que contre le peuple de Paris.

Tant il est vrai que ce ne peut jamais être là que l'arrière pensée du despotime prévoyant! — qui sait bien que contre l'invasion étrangère la meilleure des fortifications est une enceinte de bras courageux et de cœurs patriotes! Tant il est vrai encore que si Paris est la tête de la France, il n'en est pas le cœur!

Heureusement pour le pays qu'il n'y eut point alors, comme depuis, en 1814, de mauvais citoyens qui, pour revenir dans les bagages de l'étranger, s'en allèrent trouver l'armée espagnole, et la prévenir que Paris était dans une terreur si grande et que le roi avait eu tant de peine à rassembler quelques centaines de chevaux et de fantassins, qu'elle pouvait s'avancer sans attendre son artillerie, et que les Parisiens lui ouvriraient leurs portes en criant : *Noël* ! Ils l'avaientfait jadis aux soldats anglais de Bedfort.... hélas ! ils l'ont fait depuis !

Heureusement aussi que Philippe d'Espagne ne se sentit point le courage de se mettre en même d'envoyer une réponse affirmative à son père, qui, en apprenant cette victoire, demanda tout d'abord : « *Mon fils est-il à Paris* ? » Se souvenant au contraire de ce qu'il en avait coûté à Charles-Quint pour s'être trop avancé en Champagne et en Provence; entendant déjà gronder le soulèvement inévitable et prochain de toute la noblesse de Picardie, et la marche précipitée de Guise et de l'armée de Naples, qui, rappelés par le roi, allaient redescendre les Alpes, Philippe se contenta de retourner au siége de Saint-Quentin.

Après une défense opiniâtre, la ville fut prise d'assaut, et l'amiral qui, n'ayant cependant qu'une garnison de huit ou neuf cents hommes, n'avait voulu entendre à aucune composition, tomba, ainsi que son frère d'Andelot, entre les mains des Espagnols.

Cependant la prise du Catelet redoubla bientôt le mortel déplaisir de Henri II. Il apprit en même temps que, le 15 septembre, les Espagnols avaient poussé leurs premières lignes au-delà de Ham, qui, dépourvu de défenseurs, ne put tenir que peu de jours, non plus que Noyon et Chauny, dont Philippe, — au dire de Mézerai, et sous un prétexte qui a l'air d'une mauvaise plaisanterie, de nos jours où il n'y a pas de vignes en Picardie, — se saisit «*pour recueillir la vendange de ce beau vignoble*.»

Après avoir fait relever les fortifications des

villes que son artillerie avait démantelées, Philippe quitta son camp et déserta sa conquête pour retourner à Bruxelles. Outre les raisons déjà dites pour lesquelles, maître de la campagne, il ne poussa pas plus loin les choses, il avait la prévision que malaisément il pourrait retenir dans son armée les nations diverses, Allemands, Anglais, Espagnols, Italiens et Flamands, dont elle était formée. Après la prise du Catelet, en effet les Anglais, « *nation superbe*, » offensés de l'arrogance espagnole, et avertis que les Écossais avaient fait irruption sur leurs terres, lui demandèrent un congé qu'il n'osa pas refuser. Et les Allemands, qui se plaignaient de n'avoir pas eu leur légitime part au butin, dont le roi et le duc de Savoie retiraient pour leur compte *les bons prisonniers,* c'est-à-dire les meilleures rançons, annonçaient hautement que leur temps expiré ils ne serviraient plus. Même cinq ou six mille d'entre eux, attirés par les gracieuses paroles du duc de Nevers, passèrent au service de France.

Le retour de Guise; la Bresse sauvée par son armée; les côtes de la Normandie que Kersimont qui, en douze heures, avait rassemblé cinq ou six mille hommes, délivra d'une invasion d'Anglais et de Flamands jetés au hâvre du Conquest par une flotte de soixante vaisseau ; Guise qui, par la prise de Calais, avait enfin chassé les Anglais du royaume, en leur ôtant cette porte de la France, dont ils disaient que cette ville était la clef qu'ils portaient à la ceinture ; la reine Marie qui mourait dévorée d'un si violent chagrin, qu'elle ne cessait de répéter qu'après sa mort on lui trouverait le nom de Calais gravé dans le cœur ; tous ces retours, coup sur coup, de la bonne fortune, abaissèrent si fort les espérances des ennemis, qu'ils donnèrent congé, sur sa parole, au connétable leur prisonnier de Saint-Quentin. Averti que les Guise ruinaient ses serviteurs et son crédit, Montmorency en effet leur avait offert de venir vers le roi pour le disposer à la paix.

Les députés de France, d'Espagne et d'Angleterre se réunirent bientôt à Cateau-Cambrésis, ce beau palais de l'évêque de Cambrai. Là fut arrêtée et conclue la paix de ce nom ; cette paix que les grands et le peuple appelèrent la *malheureuse*, la *maudite*, et dont la situation et le patriotisme de la nation tout entière ne justifiaient ni ne méritaient la ruineuse honte. Dans un temps comme le nôtre, quand la gloire et la prépondérance de la France s'en vont se perdre, de jour en jour, dans les protocoles et les traités de la *paix partout*, de la *paix toujours*, par lesquels on lui signifie son amoindrissement quand on daigne l'admettre dans le *concert européen*, — il peut être d'un grand enseignement, pour tous, de relire de hautes et valeureuses paroles, qui rappellent les temps d'énergie et de gloire de la République, de l'Empire et des derniers jours de la Restauration elle-même; —paroles dignes et fermes que, depuis douze ans, on nous a désappris à entendre; — paroles qui viennent du cœur, et par lesquelles les généraux et les conseillers de Henri II voulurent détourner de la France le calice de déshonneur que ce roi lui allait verser sur le front. Et, cependant, il ne s'agissait que de céder des conquêtes mal affermies et en plein pays étranger!

Brissac qui, depuis dix ans, commandait en Italie, dépêcha en cour Boyvin-Villars,—celui-là même qui nous a laissé des mémoires sur la guerre de Piémont,—pour faire dire hautement au roi : «Que si S. M. était résolue de rendre ce qu'elle possédait en Italie, qui valait la meilleure province de son royaume, et pouvait rapporter, tous frais faits, trois cent mille écus de revenu dans ses coffres, il ne lui demandait pour toute récompense de ses bons services, sinon qu'il lui plût le bannir lui et toutes les forces qui étaient de là les monts, comme rebelles, et qu'il saurait bien conserver les places qu'il tenait aux dépens du Milanais et de la seigneurie de Gènes, ou qu'au moins il mourrait glorieusement dans un pays d'où toutes les forces de l'Europe ne lui avaient su faire lâcher un seul pouce, depuis dix ans qu'on lui en avait commis la défense; — *que, s'il périssait dans cette entreprise, S. M. n'aurait perdu que ce qu'elle ne voulait point garder;* — mais s'il conquérait le Milanais, comme il l'espérait, il aurait, sans autre danger que le sien propre rendu son roi le plus puissant prince de la chrétienté. »

Le roi qui avait au cœur « *sa folie de la paix* » après avoir témoigné que ce zèle lui était fort agréable, ajouta : — « Que, lors même qu'il ferait la paix aux conditions proposées, il retiendrait encore assez de quoi se faire craindre de ses ennemis. »

A ces mots le duc de Guise, emporté par les mouvements de l'honneur, du patriotisme et de la conscience, l'interrompt hardiment et lui adresse ces hautaines et magnifiques remontrances qui, — si dans les conseils de la couronne d'aujourd'hui, il pouvait se trouver autre chose que des pédants sans cœur, des rhéteurs sans énergie et des bourgeois-gentilshommes sans dignité—-auraient dû être prononcées naguère par quelque ministre révolté de l'abandon coupable que la France a fait de ses alliés en Pologne, en Belgique, en Italie, en Egypte, partout!

« Votre majesté, Sire, me pardonnera si je lui dis que ce n'est pas en bien prendre le chemin, et que, quand elle éprouverait vingt-cinq ans durant la fortune aussi contraire qu'elle l'eût l'an passé, elle ne saurait perdre durant tout ce temps-là ce que l'on veut qu'elle rende en un seul jour. Il n'en coûta au feu roi vaincu et prisonnier entre les mains d'un ennemi qui avait la puissance de l'Empire jointe à celle des Espagnes et de l'Italie, que deux millions d'or et les titres des terres qu'en effet il ne possédait pas. Pourquoi donc, Sire, vous en coûtera-t-il cinq ou six provinces, à vous qui êtes le conquérant et le victorieux? Qu'il plaise à Votre Majesté examiner encore une fois le traité qu'on lui propose : l'affaire le mérite bien : il y va de la moitié des terres qu'elle possède en Savoie, du Piémont, du Montferrat, de la Corse, de la Seigneurie de Sienne, d'une partie du Milanais et de tout le Luxembourg. Tous ceux qui sont jaloux de votre honneur osent vous supplier, maintenant que les choses sont encore en état, de bien considérer quelle est l'inégalité de cet échange par lequel vous rendez deux cents places fortes pour en ravoir trois. Que si vous le faites, Sire, vous allez répandre par terre le sang de deux cent mille Français, qui l'ont si généreusement employé pour les conquérir. Vous allez renverser sous les pieds de vos ennemis les glorieux trophées du feu roi votre père ; vous allez ternir l'éclat de toutes vos belles actions, et au lieu que les braves exploits ont accoutumé de vivre après la mort des princes et d'en ressusciter le souvenir, vous allez vous-même enterrer les vôtres ; et vous voulez survivre à votre gloire ! Après tout, si Votre Majesté se trouve assez puissante pour rendre libéralement au roi d'Espagne et au duc de Savoie les terres qu'elle a justement prises, sans redemander le royaume de Naples, le Milanais et l'Artois, qu'est-il besoin de rendre les places de Montferrat, celle du marquisat de Saluces, le comté d'Ast, qui est du patrimoine de la maison d'Orléans? Quelle raison y a-t-il de livrer la seigneurie de Sienne au duc de Florence, qui n'y a aucun droit? Et par quel motif veut-on remettre l'île de Corse à ces Génois, tant de fois traîtres et tant de fois rebelles, à qui elle n'appartient que par bienséance? Votre Majesté a-t-elle point senti quelques regrets lorsqu'elle a arrêté sa pensée sur ces injustes articles? Mais le cœur ne lui a-t-il point soulevé de courroux ou de compassion quand elle a lu celui qui la force d'abandonner ses alliés? Quoi! Sire, un prince si bon et si humain que vous êtes, livre ses serviteurs à la merci des bourreaux! Quoi! le devoir et la compassion ne vous obligeront pas de mettre à couvert tant de seigneurs du royaume de Naples et du Milanais, tant de braves soldats, tant de nobles familles qui, par une affection héréditaire, se sont si fort attachés à la France, qu'ils ont quitté leurs maisons et leurs biens pour venir à votre service? Quoi! vous aurez réduit à l'esclavage ces malheureux Siennois, un peuple qui était libre lorsqu'il s'est mis sous votre protection! Vous laisserez toute l'Italie exposée à la vengeance de la maison d'Autriche? L'exil, les supplices et les misères seront donc désormais les récompenses certaines des partisans de la France? Votre nom, si glorieux et si redoutable, qui était invoqué de toutes parts, ne s'entendra-t-il plus que dans les reproches et dans les plaintes de ces malheureux? Et voulez-vous que toutes les nations disent que, puisque la France oublie au même temps les injures et les bienfaits, elle mérite de souffrir les injures et de ne point recevoir de bienfaits? Ah!

Sire, vous donne ces conseils quiconque les estimera dignes de sa réputation; mais que je meure mille fois plutôt, et que touts vos bons serviteurs périssent les armes à la main, et mordent la poussière, premier que de consentir à cette infamie. »

Oh! lorsqu'un noble et vaillant prince se sent un cœur si haut, une intelligence si ferme et une âme si facile aux élans généreux, en face de l'abaissement auquel sa patrie est livrée.... oh! en vérité, on comprend, on désire, que pour remettre son pays aussi haut qu'il le veut et qu'on le souhaite, il travaille à arracher la couronne à un front abaissé et sur lequel est tombé le vertige de la peur et de l'égoïsme! On comprend surtout les sympathies populaires qui accueillirent bientôt la grande maison des Guise, en présence du dernier représentant de la race dégénérée des Valois.

Cependant le duc de Guise dit encore bien d'autres choses avec tant de véhémence que plusieurs fois le roi pâlit et rougit tour à tour; mais inutiles et fugitives traces de la honte qui montait du cœur au front! Le roi trouva qu'il était moins dangereux de changer de couleur devant ses sujets que de résolution devant l'étranger. Il donna donc au traité cette ratification après laquelle Brissac, se couvrant le visage des deux mains, laissa échapper ce cri de détresse, devenu le nôtre en ce temps : « *Ah ! misérable France, que de maux !* »

Misérable France, en effet, qui vit bientôt les premiers accomplissements de la prophétie de Brissac, quand le coup de lance de Montgommery, au tournois du palais des Tournelles, eut ouvert de nouveau, en faveur de Catherine de Médicis, cette ère de régence qui avait été si funeste depuis l'avénement des deux branches des Valois.

C'est que nous voici arrivés au plein cœur de ce hardi XVIe siècle, qui, par ses sanglantes luttes religieuses, allait fonder la liberté de l'esprit humain, mais qui, par ces mêmes luttes, devait aider la féodalité amoindrie et la royauté envahissante à entraver et à vicier les progrès de la liberté politique pour laquelle, malgré tant d'efforts et de sang versé, le peuple de France est réduit à combattre encore de nos jours.

La royauté, la féodalité et la démocratie, qui avaient lutté, isolément et tour à tour, les unes contre les autres, — emportées maintenant au souffle de l'esprit de réforme, sont poussées dans une mêlée générale, pour le servir ou le combattre.

Mais c'est la royauté qui tout d'abord est sur le

point de disparaître, broyée comme entre les deux serres d'un étau par ses deux rivales, que jusque-là elle avait armées pour s'entre-détruire.

D'un côté, elle se heurte aux corselets de fer du grand vasselage, qui, fauché par Louis XI, dépossédé par les confiscations, déshérité par les réunions à la couronne, réduit à des gouvernements de province, dépendants de la nomination royale, et n'ayant plus pour appui que l'arrière-vasselage de province, toujours batailleur et turbulent, se jette avec lui dans l'insurrection religieuse pour tâcher de ressaisir dans les luttes la possession et l'hérédité des grands fiefs. — Parmi tous ces seigneurs, en effet, il n'en était pas un qui ne dît comme Montluc : « *Quand je suis assis sur ma selle, je ne connais pas les ordres du roi.*

D'un autre côté, la royauté ne se trouve pas plus à l'aise dans les étreintes des pourpoints de soie et de velours de la fraction féodale, restée fidèle au catholicisme. Là, les ambitions de la maison de Lorraine, en créant des désordres contre lesquels la royauté ne peut rien, se ménagent tous les avantages d'indépendance que leur eût donnés la rébellion protestante.

D'un autre côté encore, la démocratie effrayée

de ces tentatives d'usurpations nouvelles, s'arme pour défendre les maximes du catholicisme, qui, en conservant toutes leurs forces à travers les anciennes usurpations, avaient si puissamment contribué à l'affranchissement des Communes. Mais instruite par l'expérience, elle commence à ne plus combattre l'aristocratie pour le compte de la royauté; elle sait trop que la royauté, après la victoire, n'a jamais manqué de faire alliance avec les vaincus pour écraser les vainqueurs. A son tour, la démocratie veut écraser ses deux ennemies à la fois, et l'une par l'autre ; elle profite des haines fanatiques de la royauté pour décimer la féodalité protestante dans la nuit de la Saint-Barthélemy; et elle se sert des ambitions princières de la féodalité catholique pour chasser la royauté aux barricades, et la ruiner dans les conseils de la Ligue.

C'est là tout ce qu'il y eut au fond de la ligue catholique et de la ligue protestante, qui eurent pour chefs, l'une la maison de Guise, Montmorency et le maréchal de Saint-André, et l'autre, la maison de Bourbon et les deux Coligny. La royauté, pour se maintenir, fut un temps réduite au jeu de bascule inventé par l'astuce italienne de Catherine de Médicis, toujours disposée à s'allier au parti vainqueur, et qui, à la nouvelle d'un avantage remporté par les protestants, disait tout bas sans trop se chagriner : *Nous prierons Dieu en français*. Jeu cruel, dont le balancier écrasa tour à tour la ligue protestante par les massacres de la Saint-Barthélemy, et la ligue catholique par l'assasinat des Guise dans le château de Blois ;—deux crimes dont la démocratie, par son conseil des Seize, fut seule sur le point de profiter.

La féodalité, cependant, se trouva de nouveau dans de merveilleuses conditions pour se recommencer, comme au temps de Hugues-Capet. La succession au trône, en ligne directe, finissait à Henri III, en qui s'éteignait la branche des Valois. La maison de Bourbon s'appuyait sur le protestantisme, qui blessait les sympathies catholiques de la généralité de la nation. Profitant de cette antipathie nationale, les princes lorrains, qui prétendaient descendre de Charlemagne, et qui, inondant la France de leurs généalogies, affichaient hautement leurs prétentions à la couronne, s'appuyèrent sur le catholicisme, dont ils exaltaient les passions, afin de les mettre au-dessus du principe de l'hérédité royale, qu'ils voulaient violer. Entre ces deux partis, il y en avait un troisième : c'était celui des seigneurs ambitieux et intrigants qui mettaient leurs services à la suite du plus offrant et dernier enchérisseur, et faisaient acheter tour à tour, et quelquefois tout ensemble par les deux autres, leur fidélité variable, ou leur neutralité suspecte.

La féodalité allait donc profiter de la victoire, qu'elle restât au princes protestants ou aux princes catholiques ; car les uns aussi bien que les autres ne pouvaient arriver au trône que par son assistance. Ils allaient donc se trouver comme les races carlovingienne et capétienne dans la nécessité de légitimer les usurpations de ceux qui leur apporteraient ou leur laisseraient prendre la couronne. Les résultats de cette triste et rigoureuse condition des aspirants au trône parurent bien plus infaillibles, lorsque le couteau de Jacques Clément à Saint-Cloud et l'exclusion du roi de Navarre, pour cause de protestantisme, eurent ouvert la porte aux prétentions des héritiers des anciens feudataires qui se mirent à faire valoir les titres de leurs aïeux.—Conflit prodigieux dans lequel vinrent se ruer, et le jeune duc de Guise, qui s'appuyait sur les convoitises de son père et sur l'engouement des peuples catholiques, et le duc de Lorraine pour le compte de son fils le marquis de Pont, qu'il avait eu de la sœur aînée de Henri III, et le roi d'Espagne et le duc de Savoie,—le premier pour faire couronner *in solidum*, en la donnant pour femme au jeune duc de Guise, sa fille Clara-Eugénia, qu'il avait eue d'Élisabeth de France,— le second en sa qualité de fils d'une sœur de Henri II. Le duc de Mercœur, plus modeste, ayant épousé une Penthièvre, voulait démembrer la Bretagne du reste du royaume, pour s'en faire une souveraineté, et le duc de Nemours affichait les mêmes projets.

Enfin le duc de Mayenne, résumant en lui toutes les prétentions de la maison de Guise, faisait nommer roi, sous le nom de Charles X, le cardinal de Bourbon, afin d'épuiser la part des droits de la famille des Bourbons, et pour en obtenir plus tard à son profit une abdication ou un testament qui le rendrait roi légitime.

Ce conflit s'accrut encore de tous les embarras que suscita l'occupation de certaines parties du territoire par les étrangers, que les diverses factions féodales avaient appelés à leur aide comme au temps de Charles VI et de Charles VII : —les princes catholiques appelèrent les espagnols; le duc de Guise conclut avec Philippe II cette convention funeste par laquelle, moyennant cinquante mille écus par mois et une armée espagnole, la Ligue s'obligeait à exclure Henri IV du trône, à faire exécuter le traité si déshonorant et si ruineux de Câteau-Cambrésis, et à aider l'Espagne à reconquérir les Pays-Bas; les princes huguenots livrèrent le Hâvre aux anglais, et appelèrent les princes protestants d'Allemagne, qui envoyèrent une armée que le duc de Guise vainquit à Montargis et à Chartres; et 10,000 Suisses emmenés par Sancy vinrent renforcer l'armée protestante.

La France fut donc réduite à l'alternative d'être démembrée, pour passer sous la domination étrangère de deux ou trois princes, ou d'être fractionnée en mille petites principautés féodales, relevant de deux ou trois royaumes, comme au temps de la loi germaine. — L'œuvre des croisades et de Louis XI allait disparaître!

L'abjuration de Henri IV fut l'épée qui rompit ce réseau commencé d'usurpations féodales et de prétentions princières. D'une part, elle ferma une liste de prétendants, qui chaque jour s'allongeait d'un nom nouveau, et elle conserva ainsi l'unité monarchique. D'autre part, elle déçut les espérances des deux féodalités. — Les protestants n'eurent rien à exiger pour leur aide, puisque non-seulement ce n'était point par eux, mais au contraire nonobstant leurs œuvres, que le Béarnais entrait à Paris pour ceindre la couronne. Les catholiques n'eurent non plus rien à prétendre, car ils avaient guerroyé la personne et les droits de celui qu'ils étaient forcés de reconnaître pour roi. Tout ce que les uns et les autres purent obtenir, ce furent : — les catholiques, pour compte d'achat personnel et de reddition de places, des emplois, des titres, de l'argent comptant, des pensions ; et les protestants, à titre seulement de garantie pour l'exercice de leur culte, quelques villes et châteaux forts. C'était bien quelque chose que cette sûreté laissée aux protestants, comme sous Louis XIII ne le prouvèrent que trop les Rohan et la Rochelle; mais il y avait loin de là à ce que la féodalité avait rêvé. Ce n'était pas rendre une seconde fois inamovibles et héréditaires les fonctions qu'elle tenait de la nomination royale.

Au moment où les affaires de France en étaient arrivées à ce point, la ville et le château de Ham eurent leur part dans les dissensions et les cruautés du fanatisme et des ambitions de cette époque. Depuis cinq ans qu'il était roi, Henri IV avait, comme Charles VII, arraché pièce à pièce par les armes ou acheté à prix d'or, de titres et de promesses, son royaume aux étrangers ou aux seigneurs de la Ligue,—édifice croulant qui n'était plus appuyé que sur une seule pierre, le refus d'absolution que le pape prolongeait encore malgré l'abjuration solennelle de Saint-Denis et la soumission de Paris, dont Brissac avait apporté les clés, en échange d'un bâton de maréchal de France.

Le cupide et dissipé duc d'Aumale, lieutenant-général pour la Ligue, occupait encore la Picardie, dont il avait livré par moitié les villes et les garnisons aux Espagnols. Mais, fortement pressés par la noblesse du Vermandois, ralliée à la cause royale, les Ligueurs et les Espagnols ne tenaient guère plus que dans les places de Soissons, de Ham et de la Fère ; encore même cette place venait-elle d'être prise après un long siége. Ce fut donc dans les rues de Ham et du haut des murs de son château que partirent, en 1595, les derniers coups de canon pour ainsi dire, qui furent tirés en Picardie par la Ligue et l'Espagne. C'est aussi devant ses portes que fut commise alors une de ces lâches et inutiles cruautés qui ont souillé le fanatisme religieux de cette époque, et auxquelles se livrèrent les soldats étrangers, qui en avaient reçu les leçons des Français eux-mêmes.

Quinze cents espagnols occupaient la ville depuis que Mouy de Gomeron, zélé ligueur et créature du duc d'Aumale, avait eu la coupable faiblesse de la leur livrer; mais il en était mort de chagrin. — Tardive et inutile expiation ! Il eût mieux fait de se faire tuer pour la reprendre. Son fils Louis, non moins faible et encore plus imprudent, se laissa persuader, avec ses deux frères qui devaient servir d'ôtage, de se rendre à Bruxelles auprès de Fuentès, gouverneur des Pays-Bas, pour traiter directement sans doute du prix de la reddition de la citadelle, qui devait compléter l'occupation de Ham par les armes d'Espagne.

Mais dans les desseins de Dieu, qui protége les peuples, la trahison appelle souvent la trahison qui la punit. Fuentès retient prisonnier Louis et ses deux frères, et, par un officier nommé Frias, fait signifier à la mère de Gomeron et à son beau-frère d'Orvilliers, qui commandait en son absence, que s'ils refusent une garnison de six compagnies il leur enverra au bout de trois lances la tête de Louis et celle de ses deux frères.

Oh! certes, la mère de Gomeron eût tout accordé pour sauver ses enfants, — la seule menace d'un pareil sacrifice est déjà au-dessus des forces d'une mère; mais d'Orvilliers eut honte, soit de croire qu'une pareille atrocité pût légitimer sa trahison, soit de commettre une trahison pour laquelle l'Espagne tenait en réserve de pareilles récompenses. Il se tourna donc vers les généraux d'Henri IV et les appela pour ouvrir les portes de la citadelle au drapeau de la France. En même temps, pour compléter sa vengeance, il se fit livrer par son partisan d'Amy, commandant la place de Roye, quelques officiers espagnols qui pourraient servir, tête pour tête, à des représailles de sang dont Fuentès avait l'initiative.

Donc, vers le milieu d'une nuit sombre de l'année 1595, le château de Ham dut s'ouvrir aux gardes de Bouillon, aux troupes du comte de Saint-Pol, qui, de Saint-Quentin, s'était avancé jusqu'à Flavy-le-Martel, aux arquebusiers du capitaine de Roye, et enfin aux cent chevaux qu'avait amenés ce brave D'Humières, dont la noblesse de France disait «*qu'à lui seul il valait une armée.*» Plus heureux en cela que cet autre D'Humières, dont sous le roi Henri II on disait «*qu'il était plus habile en cour que non pas en guerre.*»

« Mais, ayant été découvert par les premières vedettes, le cri de guerre se répandit dans la ville, et quelques coups d'arquebuse y répondirent de part et d'autre.

« D'Orvilliers, apercevant ce mouvement, le fit appuyer par quelques coups de canon, tirés des remparts du château, où bientôt après les troupes royales furent introduites en passant par la porte de secours, dont il est facile, encore aujourd'hui, de voir l'enceinte sur la face de la courtine, au pied de laquelle passe le canal.

« Dès que le jour parut, on vit les barricades des Espagnols, qui étaient disposées de telle sorte, qu'en arrivant sur l'esplanade, leurs feux croisés défendaient entièrement les approches de la ville, dont l'attaque fut résolue à l'instant même.

« Les troupes assiégeantes furent partagées en trois corps. L'un alla présenter le combat à la porte de Noyon, l'autre fut chargé de forcer la porte de Chauny, et le troisième, fourni par la garnison du château, fut dirigé sur l'esplanade, afin d'en enlever les barricades et les retranchements.

« Mais, avant de donner le signal, d'Humières envoya un parlementaire à Cico-Sangré, le général espagnol, pour le sommer de rendre la place, lui offrant des conditions raisonnables, s'il donnait des ôtages pour répondre du retour de Gomeron.

« Cico-Sangré répondit que lui et les siens mourraient plutôt que de rien entreprendre contre leur honneur et contre la fidélité qu'ils devaient à leur souverain. Sur cette réponse on commença l'attaque ; elle se fit d'abord à droite, c'est-à-dire vers la barricade de la rue de Chauny, où Bouillon fut repoussé deux fois.

« Ducluseau eut plus de succès à la gauche, c'est-à-dire vers la porte de Noyon, où Sangré fut blessé. Déjà on avait mis les Espagnols hors d'état de résister plus longtemps de ce côté, où tous les ouvrages avancés avaient été enlevés, lorsque le feu prit à quelques maisons du faubourg. Les flammes et la fumée poussées par le vent firent reculer les soldats de d'Humières, qui était sans casque, se montrant partout où il y avait danger, et qui, au moment où il se précipitait au premier rang pour ranimer le courage des siens, reçut à la tête un coup de mousquet, tiré, suivant la chronique, du haut du clocher Saint-Martin. (1)

« Le feu se déclara aussi à la porte de Chauny, où les Espagnols furent obligés de reculer. Quelques coups de canon tirés, par ordre de Bouillon, dans cette barricade, achevèrent de la détruire, et ses soldats s'élancèrent dans la ville en poursuivant

(1) Cet édifice n'existe plus de nos jours.

l'ennemi, qui se retira en désordre vers le faubourg Saint-Sulpice, où il déclara vouloir se rendre.

« Mais les Français, irrités par la mort de d'Humières, et malgré leurs chefs, qui voulaient qu'on fît *bon quartier*, se jetèrent sur les Espagnols et en firent un massacre épouvantable. On se battit dans les rues et dans les carrefours ; les habitants eux-mêmes, du parti de Henri IV, prirent les armes et achevèrent cette victoire.

« Le comte de Fuentès venait de quitter le siége du Catelet, espérant arriver assez à temps pour secourir son lieutenant ; mais Ham était pris et livré aux flammes, et les Espagnols chassés de tous côtés.

« Il n'arriva donc sur les hauteurs d'Estouilly que pour recueillir les restes mutilés des troupes de Sangré, et il ordonna la mort de Gomeron, qu'il traînait après lui. Une funèbre tradition a perpétué, dans le pays, le souvenir de l'arbre qui servit d'instrument de supplice, et aujourd'hui l'on montre encore la place de l'arbre de Gomeron. »

Certes la France et le roi avaient lieu de se réjouir de la conquête de Ham, qui achevait de ruiner la Ligue et l'Espagne, et cependant les vainqueurs, à l'aspect de la ville en cendre, ne se livrèrent pas à la joie ; la tristesse était peinte sur tous les visages, et le roi, en apprenant tant de sacrifices, et surtout la mort de d'Humières, ne put s'empêcher de verser des larmes et de dire, avec toute la noblesse française : « *Ham me coûte bien cher !* »

Pour témoigner des regrets que causaient à la France entière cette mort glorieuse; pour répondre aux cris de la Picardie, dont les frontières restaient ouvertes par la prise de la ville de Doulens, où vieillards, femmes, enfants furent égorgés par les Espagnols, qui criaient : *C'est la revanche de Ham* ! le parlement « *déclara le duc d'Aumale criminel de lèse-majesté au premier chef, et coupable du parricide de Henri III, et pour ses crimes, le condamna à être tiré tout vif à quatre chevaux, ses quartiers attachés aux quatre principales portes de Paris, s'il pouvait être appréhendé, sinon en effigie; sa maison d'Anet rasée jusqu'aux fondements, et ses bois coupés à hauteur de ceinture, ses biens confisqués et ses enfants dégradés de noblesse.* »

Le vingt-quatrième jour de juillet, son *fantôme* fut traîné en Grève et écartelé. « Le roi se montra, dit-on, bien fâché qu'on eût dérobé ce pardon à sa clémence, » — qu'il eût pu mieux employer cependant, quand ce même parlement condamnait Biron, que Henri laissa décapiter.

De nos jours nous avons vu le patriotisme entendu autrement. Ce ne sont pas ceux qui avaient appelé ou servi l'invasion que les cours souveraines ont déclaré traîtres et ont puni de mort ; ce sont les vaillants capitaines qui avaient combattu pour la repousser.

Depuis sa réunion à la couronne sous Henri IV, jusqu'à la grande révolution française, Ham ne se rattache à l'histoire générale de la France par aucun événement particulier et mémorable, inhérent à sa condition de place forte.

C'est à peine si l'histoire nous apprend que le gouvernement de Ham fut donné par Jules Mazarin, qui en était par engagement devenu le seigneur, au maréchal d'Hocquincourt, en récompense sans doute de ce que ce seigneur, à la tête de 2,000 chevaux et de quatre pièces de canon, avait ramené triomphant de l'exil à Poitiers, où la cour l'attendait, — ce cardinal qui avait été évêque de Meaux, abbé de Cluny, et pourvu de riches bénéfices, sans être ni prêtre, ni diacre ; — cet homme d'État, qui sous la régence d'Anne-d'Autriche, continuant avec des piqures d'épingles la besogne du couperet de la monarchie ministérielle fondée par Richelieu, usa dans le ridicule le pouvoir politique des parlements et l'œuvre-constituante de la Chambre-de-Saint-Louis, et qui déchira les manchettes, les chapeaux emplumés et les pourpoints de soie du grand corps féodal, qui, ne pouvant se tenir debout que bardé de fer, expira dans les dernières convulsions de la Fronde, au bruit du dernier coup de canon que la duchesse de Montpensier fit tirer du haut des murs de la Bastille ; — ce ministre cupide qui, voulant mettre ses héritiers à l'abri de la recherche des cent millions qu'il avait amassés, et aussi peut-être se raccommoder à sa façon avec sa conscience, ne trouva rien de mieux, d'après le conseil secourable du curé de Saint-Nicolas-des-Champs, que de léguer son indécente fortune au roi, qui la lui rendit à titre de récompense. Bien lui en prit d'avoir affaire à un jeune et généreux roi sans expérience ; il y en a d'autres peut-être qui, prenant à la lettre ce *fidéi-commis*, eussent gardé les cent millions pour eux-mêmes et *pour leur famille*.

C'est à peine encore si l'on sait que le maréchal de Villars envoya tous ses gros bagages à Ham et à Saint-Quentin, avant de livrer contre les impériaux et les Hollandais — dont les conférences d'Utrecht n'arrêtaient point les hostilités poussées dans la Champagne jusqu'aux portes de Reims, — cette célèbre bataille de Denain, dont le gain sauva la France, avança la paix, affermit la couronne d'Espagne et des Indes dans la maison de Bourbon, et dont la perte eût forcé Louis XIV, trahi par la la fortune, qui le frappait dans sa gloire et dans sa famille, à convoquer toute la noblesse de son royaume, et malgré ses soixante-quatorze ans, à se mettre à sa tête « *pour vaincre ou s'ensevelir avec elle*, comme il le disait, *sous les débris de la monarchie.* »

Mais en 1793, après le 10 août, Ham fut saisi, comme toute la France, par le vertige de cette panique étrange, qui, le même jour, à la même heure, apporta des quatre vents, sur tous les points du territoire, la nouvelle que l'ennemi était, non plus aux frontières, mais à la porte de chaque ville, de chaque bourg où courait le formidable appel aux armes parti de la Convention et de la commune de Paris. L'épisode raconté dans une courte notice déjà citée, est l'un des faits les plus caractéristiques et aussi les plus funestes de cet instinct sublime de tout un peuple qui se levait comme un seul homme, devant la seule menace de l'invasion étrangère, et qui, par le sang de ses quatorze armées, versé pour sa défense sur les champs de bataille du patriotisme, allait racheter le sang que, dans sa providentielle terreur, il laissait répandre sur les échafauds de la liberté.

« Le général Barthel, croyant au singulier avis « qu'on était venu lui donner, de la présence de « quelques coureurs ennemis embusqués vers le « bois d'Estouilly, fit prendre les armes, à dix heu- « res du soir, à l'un des bataillons de la garnison « qu'il divisa en deux colonnes, avec ordre d'aller « attaquer par deux routes différentes. Le premier « détachement, sous la conduite d'un major « appelé Tiphon, étant sorti par la porte de Saint- « Quentin, le second commandé par le général « lui-même, s'étant dirigé par la porte de Chauny, « du côté de Pithon, devaient bientôt se croiser « sur Estouilly, et s'exposaient ainsi à commettre « une de ces méprises fréquentes à la guerre, lors- « que l'on tente des expéditions de nuit. En effet, « l'imprévoyance des premiers tirailleurs qui cru- « rent réellement atteindre l'ennemi, fit naître un « engagement entre les deux détachements. Mal- « heureusement le combat fut long, et le jour « commençant à paraître, on n'aperçut point les « houlans que l'on était venu chercher, mais un

« assez grand nombre de soldats tués ou blessés « par des balles françaises, seul résultat de cette « déplorable expédition. »

L'histoire des siéges et des combats de Ham finit glorieusement le 26 juin 1815, avec l'histoire des dernières luttes de la France, trahie, vendue, enchaînée, contre les invasions de l'étranger. Ce sera à jamais pour elle un titre de gloire et de respect, que démantelée, sans ouvrages avancés, investie par une armée prussienne sous les ordres du général Tielmann, n'ayant qu'une garnison de 90 hommes, et malgré une arrogante sommation, la ville de Ham, ait forcé trente mille ennemis à s'arrêter à l'entrée de son faubourg de Saint-Sulpice ! Et de même qu'aux plus mauvais jours du règne de Charles VI, alors que les bourgeois de Paris, plus en démence encore que ce malheureux roi, battaient lâchement des mains aux soldats de l'étranger, on aime à reposer ses yeux sur les noms de quelques vaillants capitaines, qui, sans espoir et pour l'honneur seul des armes françaises se faisaient tuer derrière les murailles de quelque bicoque abandonnée ; — de même, au milieu de ces trahisons qui donnèrent des cartouches de son au peuple des faubourgs de Paris, et qui laissèrent sans généraux des corps entiers d'armée, on aime à faire revivre le nom du commandant Balson, qui, avec une poignée de soldats, mutilés pour la plupart, parla si haut et si ferme qu'il put sortir du château de Ham, avec armes et bagages, et que le général ennemi, tout stupéfait, renouvela cette question faite après la capitulation de Huningue : « Où donc est la garnison ? »

CÉLÉBRITÉS.

X.

CÉLÉBRITÉS.

Dieu, la patrie, l'art. — Saint Gilbert, évêque de Meaux. — Jean de Bellins au concile de Latran. — François de Bourbon, comte de Saint-Pol. — Ses faits d'armes. — Antoinette de Bourbon, mère du grand duc de Guise. — Piége des états d'Orléans. — Les malcontents d'Amboise et les quarante ordinaires du château de Blois. — Le cardinal, archevêque de Bourbon, ou le Charles X de Mayenne. —La régence de Philippe d'Orléans et la société du XVIIIe siècle.— Vadé roi de la poésie des halles.— Origine du vaudeville et de l'opéra-comique. — Le général Foy. — Napoléon et la restauration. — Que dirait le général Foy aujourd'hui ?

Certes, par la puissance et le renom de ses seigneurs, par ses institutions, ses siéges et ses combats, Ham a rempli assez glorieusement quelques pages de l'histoire générale des luttes et de la cilivisation de notre pays. Mais, comme s'il était écrit que nul genre de célébrité ne devait lui manquer, Ham a fourni aussi sa bonne part d'illustrations à ce vaste foyer de vertus et d'intelligences qui s'appelle la civilisation française. Tout ce par quoi l'homme s'avance vers la double fin pour laquelle il est né, vers l'avenir de son nom et de sa pensée qu'il laisse en ce monde, et vers l'avenir de son âme qu'il rend digne des contemplations éternelles dans l'autre, — c'est-à-dire la piété, le courage, la poésie, l'éloquence, — c'est-à-dire encore, Dieu, la patrie, l'art, ont trouvé d'illustres représentants parmi quelques-uns des hommes auxquels la ville de Ham a donné le jour.

C'est d'abord saint Gilbert, évêque de Meaux, dont les chroniques d'Auxerre et de Limoges disent qu'il fut recommandable par ses rares vertus, et à qui Dieu porta témoignage par des miracles.

C'est ensuite Jean de Bellins, savant chanoine régulier, devenu abbé d'Arouaïse. Par la solidité de son génie et la force de son éloquence, il excita l'admiration des pères du concile de Latran, qui, tenu sous Alexandre III, et complétant l'œuvre des conciles généraux de Clermont et de Troyes et les réformes introduites par le grand saint Bernard dans la règle de Citeaux, mit fin au mariage des prêtres et à la collation des bénéfices *par la verge et par l'anneau*, ces deux grands abus dont gémissait l'Église, qui s'en disait polluée.

Ham donna aussi le jour à trois des nombreux et illustres enfants de l'illustre maison des Bourbon de Vendôme, qui la tenaient en seigneurie, par le second mariage que Marie de Luxembourg, petit-fille du connétable de Saint-Pol, avait contracté avec François de Bourbon, «*ce personnage jeune et sage*, » au dire de Philippe de Comines, qui mourut en Italie après la bataille de Fornove.

C'est à Ham que naquit, en effet, le 16 octobre 1491, François de Bourbon, comte de Saint-Pol, pour qui François Ier érigea Châtellerau en duché-pairie, et qui aurait été le plus grand de sa famille, sans son frère aîné, Charles, premier duc de Vendôme et seigneur de Ham, que nous avons vu si grand homme de guerre et d'État après la bataille de Pavie.

François de Bourbon, encore enfant, s'en était allé en compagnie des plus illustres seigneurs, dans la seconde expédition que jeta pour la deuxième fois en Italie Louis XII, assez mal avisé en cette circonstance, mais qui voulait reprendre comme roi, pour sa couronne, tout ce qu'il avait voulu lui enlever comme duc d'Orléans. C'était sous le prétexte de défendre, avec Ferdinand d'Espagne, la chrétienté contre les armements de la Turquie, mais en réalité pour partager avec lui le royaume de Naples, et pour appuyer sur le Milanais les prétentions dont la ruine fut suivie en France de la honteuse *Journée-des-éperons*.

En 1515, à ces deux grandes journées de Marignan, que Trivulce, qui s'était trouvé à dix-huit batailles, appelait un *Combat de géants*, le comte de Saint-Pol combattit si vaillamment, qu'après la victoire il fut comme François I armé chevalier par Bayard.

Il opéra rondement une diversion à ce siége de Mézières, où Bayard, sommé de se rendre, répondit à Nassau qu'il ne sortirait jamais d'une place qui lui était confiée par le roi, que par-dessus un pont de cadavres.

En 1521, il eut le commandement de l'île de France.

Avec Vendôme, son frère aîné, seigneur de Ham, il prit d'assaut la ville de Hesdin, ville fort marchande alors et pleine de richesses, dont le partage paya les fatigues de l'armée.

Avec de Guise il donna aux Anglais une *camisade* au combat du Pas, en Artois.

A la bataille de Pavie, funeste page ajoutée à l'obituaire de Crécy, de Poitiers et d'Azincourt, il fut fait prisonnier avec le roi son maître, et s'échappa de prison en enivrant à outrance les Allemands qui le gardaient.

En 1527, il suivit l'armée que le Dauphin conduisit en Picardie, et mourut à Cotignan, près Béthune, en 1545.

C'est encore à Ham que naquit, en 1494, le jour de Noël, sa sœur Antoinette de Bourbon, mariée en 1515 à Claude de Lorraine, comte de Guise. Cette alliance fut impuissante à créer et à maintenir l'esprit de concorde et de famille entre ces deux grandes maisons de Guise et de Bourbon, qui allaient avoir bientôt à retenir ou à ramasser la couronne chancelante au front des Valois. — « Tant est « petit chez les princes le pouvoir du sang et de la « piété, quand il s'agit du souverain gouverne- « ment! »

Antoinette de Bourbon fut la mère du hardi dresseur de remontrances contre le honteux traité de Câteau-Cambrésis, — de ce grand duc de Guise qui reprit Calais et qui, voulant frapper à sa tige la maison de Bourbon, dont les droits allaient gêner les ambitions de la sienne, excita François II à tendre ce piége des états d'Orléans, où furent arrêtés le prince de Condé et le roi de Navarre, — dont l'un fut un moment décrété de haute trahison et condamné à perdre la tête, et dont l'autre, qui ne put avoir de juges en ce temps, à cause de son titre de roi, fut ballotté entre une captivité dans le château de Loches et un moyen quelconqne d'en finir sans bruit avec lui. Les Guise n'avaient point encore inventé pour ce dernier, — s'il eût voulu répudier Jeanne d'Albret et faire ainsi du prince de Béarn (Henri IV) un enfant illégitime, — l'offre de la main de leur nièce, Marie Stuart, veuve du roi François II, avec les couronnes d'Ecosse et d'Angleterre en perspective.

Rappelée à Dieu, en 1584, dans la quatre-vingt-dixième année de son âge et dans dans la dix-neuvième qui suivit la mort de son illustre fils, assassiné à Beaugency, Antoinette de Bourbon put croire en mourant que la maison de Lorraine, où elle était entrée, allait l'emporter sur la maison de Bourbon, d'où elle était sortie, François de Guise son petit-fils, sur Henri de Navarre son petit-neveu. Elle avait pu entendre en effet le dernier craquement du trône des Valois, contre lequel la Ligue se ruait, poussant devant elle le duc de Guise, à qui les massacres de la Saint-Barthélemy en avaient frayé la route.

Mais si elle eût pu vivre cinq années encore, Antoinette de Bourbon aurait vu, aux états de Blois, que l'épée d'Ornano et des *quarante Ordinaires* était aussi habile à cheviller un trône, que le pistolet de Poltrot de Méré l'avait été devant Orléans à venger les *Malcontens* noyés et pendus de la conjuration d'Amboise. Elle eût pu entendre la hache du bourreau dépecer, pour le jeter en Loire, le grand corps de son petit-fils, de ce *superbe roi de Paris* qui voulait donner une couronne de moine à Henri de Valois, mais à qui Henri de Valois donna, selon le langage du temps, la *couronne du martyre* ; — s'étonnant au reste de le trouver si grand, quand il le vit couché mort à terre, et qu'il le poussa du pied. Comme si jusque-là ce roi des *mignons fraisés* n'avait point osé le regarder de la tête aux pieds pour en prendre la mesure !

C'est aussi dans la ville de Ham que naquit le cardinal archevêque de Rouen, Charles de Bourbon, — esprit faible et crédule qui ne fut bon qu'à servir d'instrument à la maison de Lorraine contre sa propre maison. Après avoir prêté sottement les mains aux Guise pour attirer ses frères à ce piége des Etats d'Orléans, où ils faillirent perdre la liberté et la vie, il prêta plus tard sa tête à Mayenne pour que ce lieutenant-général du royaume y déposât la couronne de France, qu'il espérait recevoir de lui par substitution testamentaire.

VADÉ.

Il vint un moment où cette antique société française, dont l'histoire de Ham nous a fait traverser les grandes époques, tomba du sommet resplendissant où l'avait portée Louis XIV, qui entassa dans un seul règne toutes les grandeurs des règnes précédents.

C'est qu'alors s'ouvrait, avec la régence de Philippe d'Orléans, cette longue période de déportements de tout genre, qui s'est appelée le Dix-huitième Siècle, et qui a commencé et fini comme commencent et finissent toutes les orgies : — la débauche d'abord, le sang ensuite.

Ce fut toute une société folle et dévergondée, sans patriotisme, sans mœurs, sans frein, qui perdit au jeu et dans le libertinage sa considération et son or, qu'elle jetait par les fenêtres de ses boudoirs et par les portières de ses carrosses; qui fit de la richesse le seul moyen d'action et de pouvoir sur la société; qui changea les bases de la fortune publique et privée en mettant les roueries de l'agiotage à la place des travaux honorables de l'agriculture et du négoce, et qui vendit l'honneur de la France à l'étranger et sa fortune aux traitants.

Ce fut tout un monde de nœuds et de rubans, sentant l'ambre et le musc, se teignant les ongles, mettant du rouge et des mouches, ayant dans les faubourgs des cabarets pour ses orgies avinées, de petites maisons pour ses soupers aphrodysiaques, et dans ses hôtels, des salons où l'on s'essayait à toute sorte d'indépendance, en frondant la royauté, en parodiant l'évangile et en niant Dieu; — tandis que des abbés philosophes, dans la chaleur de la controverse, suspendaient leurs perruques au dossier des fauteuils, et que des marquises donnaient des culottes de velours aux poètes qui en manquaient.

C'étaient de grands seigneurs qui, — ne pouvant plus, à la façon des anciens feudataires de la couronne, pas même à la façon des frondeurs de Mazarin, établir contre la royauté leur domination ou leurs résistances pour obtenir des places fortes et des provinces, — nouaient à l'œil-de-bœuf, pour quelques épaulettes ou pour un portefeuille, des intrigues de cotillon, que dénouaient sans trop de bruit un sourire du petit lever, un bon sur le trésor ou une lettre de cachet.

C'étaient aussi de brillants chevaliers qui, — ne pouvant plus comme leurs aïeux, dans les joutes des tournois et les passes des carrousels, faire montre de galanterie, — allaient dans les glorioles de Longchamps jeter à une fille d'opéra, disputée à cent rivaux heureux qui la tenaient de leurs laquais, les derniers rubans fournis par le prix de leurs titres et de leur dernier château.

Venaient ensuite de petits abbés frisés, poudrés et bien enamourés, qui ramassaient dans les boudoirs et les ruelles, aux pieds d'une fille de joie de haut ou de bas étage, un canonicat, une mître d'évêque ou un chapeau de cardinal ;

Des magistrats qui, le matin, en robe fourrée d'hermine, suivant le droit de leur charge achetée à beaux deniers comptants, faisaient brûler, au pied du grand escalier du Palais de Justice, les sacriléges, les parodoxes et les obscénités de la veille ; et qui, le soir, rieurs et débraillés, allaient en manteau court, colporter dans les salons et les boudoirs, et, dans les intimités libertines du tête-à-tête, les feuillets corrupteurs que le vent avait sauvés de l'incendie ;

Des académies où l'on couronnait les paradoxes contre le perfectionnement de la race humaine à l'état de société ;

Des économistes qui travaillaient sur la société comme sur un corps vivant seulement de pain ;

De lourds in-folios où des savants jetaient l'âme dans le creuset de l'analyse, et où, ne trouvant pas les traces de la matière, ils concluaient que l'âme n'existe pas ;

De petits livres bien polissons où se racontait tout ce qui pouvait se dire et se passer sur un sopha ;

Des artistes qui ressuscitaient toute la mythologie païenne et l'habillaient dans le goût du temps : les Amours en bas de soie et en talons rouges, les Grâces en falbalas et en paniers avec de belles houlettes barriolées de rubans, tout l'Olympe en perruque et poudré;

Des poètes qui mettaient le libertinage en bouts-rimés, et les nobles passions en madrigaux ; et d'autres qui, dans cette société abâtardie, mélange hétérogène de parchemins et d'or, de naissance et de roture, ne trouvant plus ni le pur-sang de la noblesse, ni la probité laborieuse de la bourgeoisie, ni l'élégance de la première, ni la bonhomie de la seconde, se mirent à parler et à prendre le langage et les mœurs du peuple des halles, — à qui Dieu allait bientôt livrer le châtiment et la régénération de cette société sans pudeur, sans énergie et sans croyances.

C'est le roi de cette poésie des halles que Ham a vu naître dans ses murs.

Vadé est l'un de ces nombreux poètes dont les premières impressions de l'enfance ont déterminé la vocation, et qui, pour la suivre, ont résisté aux enseignements plus positifs du foyer de la famille que Boileau résume dans ce vers :

« Cent francs au denier cinq, combien font-ils ? vingt livres. »

Né au mois de janvier 1720, d'un honnête marchand qui fit de vains efforts pour lui inspirer le goût des choses sérieuses de la vie, Vadé ne put jamais apprendre le latin. Amené à Paris, il orna son esprit par la lecture des écrivains français ; mais sans aucun doute, ce furent les souvenirs des *soties*, de la *Mère-Sotte* et du *Prince-des-Sots* de sa ville natale, dont les fêtes annuelles avaient charmé son enfance, et dans lesquelles, dissipé et batteur de pavés comme il l'était, il dut jouer quelque rôle,—comme auteur peut-être,—qui le poussèrent à la fréquentation des théâtres de second ordre, connus en son temps sous le nom de théâtres de la *Foire-St-Germain* et de la *Foire-Saint-Laurent.*

Certes, c'est un curieux chapitre de notre histoire théâtrale que celui des farces et des comédies et même des opéras qui furent joués à cette foire célèbre, dont l'origine remonte vraisemblablement au temps où les miracles de l'ancien évêque de Paris attiraient à l'abbaye Saint-Germain un grand concours de fidèles. C'est là ce qui dut donner d'abord à des marchands l'idée de s'y transporter, pour satisfaire aux besoins ou aux caprices des voyageurs, moyennant une redevance payée à l'abbaye ; et plus tard, à des bateleurs l'idée d'amuser la foule qui s'y pressait, quand les plaisirs mondains eurent fini, comme il arrive d'ordinaire, par faire leur rendez-vous de ce lieu de pieux pèlerinage. Le premier exemple d'un théâtre établi moyennant deux écus payés aux *Maîtres de la Passion*, qui avaient le privilége dramatique, remonte à la fin des troubles de la Ligue durant lesquels cette foire avait été fermée. Henri IV, dit Pierre de l'Estoile, « *y marchanda tout plein de besongnes, mais de ce qu'on lui faisait vingt escus, il en offrait six, et ne gagnèrent guère les marchands à sa venue.* » Il est vrai que c'était encore le temps où les finances du bon roi étaient en si piteux état, tout maître de Paris qu'il fût, qu'il était réduit à écrire à Sully « : Mes chemises sont toutes déchirées, mes pourpoints troués au coude, ma marmite souvent renversée (1). »

En 1650, Brioché, le célèbre joueur de marionnettes, quitta l'extrémité du Pont-Neuf pour venir s'établir au préau Saint-Germain durant les foires. Mais ce ne fut qu'en 1678 qu'on y représenta des pièces de théâtre. Une des plus anciennes que l'on connaisse est intitulée : *Les Farces de l'Amour et de la Magie*. C'est un divertissement comique en trois intermèdes, ou plutôt un mélange assez bizarre de sauts, de récits, de machines et de danses.

En 1690, une troupe, connue sous le nom d'*Alexandre Bertrand*, avait substitué à ses marionnettes des jeunes gens des deux sexes qui représentaient de petites comédies. Mais les acteurs de l'hôtel de Bourgogne et du Palais-Royal, qui avaient hérité du privilége des *Frères de la Passion*, intentèrent un procès, et les forains ne furent plus auto-

(1) Voir les notes.

risés, en 1704, qu'à jouer des scènes détachées et formant chacune un sujet particulier. Soutenus par le cardinal d'Estrées, abbé de Saint-Germain, ces forains réclamèrent; mais, en 1707, le Parlement défendit même les scènes dialoguées. Prenant l'arrêt au pied de la lettre, les ingénieux bateleurs imaginèrent de faire rentrer dans la coulisse l'acteur qui avait parlé. L'acteur resté sur la scène parlait à son tour et se retirait pour faire place à celui qui était dans les coulisses. Quelquefois les mêmes acteurs se parlaient et se répondaient, toujours dans les coulisses; d'autres fois, l'acteur parlant répétait tout haut ce que son camarade lui avait dit tout bas.

Les comédiens français prirent mal la plaisanterie. Le théâtre fut démoli et brûlé, mais le grand conseil condamna les comédiens à 6,000 livres de dommages et intérêts, et autorisa la reconstruction du théâtre, qui fut faite en une semaine. Néanmoins la défense de parler en scène fut maintenue. Vint alors l'invention bizarre des écriteaux, sur lesquels le rôle des acteurs était tracé en gros caractères et en prose d'abord, mis ensuite en chansons que l'orchestre jouait et que les spectateurs s'accoutumèrent à chanter pendant que les acteurs y accommodaient leurs gestes.

Voyant le succès de leur spectacle en chansons, les forains s'imaginèrent que ce succès serait encore plus grand si les acteurs chantaient eux-mêmes. Ils traitèrent donc avec l'Opéra, qui, en vertu de ses priviléges, leur accorda la permission de chanter. Des pièces purement vaudevilles furent composées, et le spectacle prit dès-lors le nom d'Opéra-Comique. A ce théâtre appartint la critique plaisante et gaie, la satire et la parodie. Travers, modes, ridicules, nouvelles, querelles littéraires, questions politiques même, tout fut de son domaine; et le sémillant et merveilleux acteur de la comédie italienne, le héros de l'intrigue, le favori de l'amour, le hardi poursuivant de belles, l'effronté railleur, le distributeur privilégié de mystifications et de coups de batte, le type, le devancier, le compagnon joyeux de Sancho, de Falstaff, de Panurge et de Figaro, Arlequin, ce *grand Amuse-Coquin*, comme dit Scarron, fut le personnage et l'acteur obligé de toutes ces parades; — faisant la pièce bien souvent, et plus souvent encore ajoutant à la pièce.

C'est pour ce théâtre de la foire, devenu l'*Opéra-Comique* et le *Vaudeville*, que Vadé composa vingt pièces, dont les plus bouffonnes sont dans le goût de notre théâtre des *Variétés*, avant qu'il ne fût gâté par le genre larmoyant et musqué. Parmi ses pièces, en petit nombre, d'un genre un peu plus relevé, le *Suffisant* et le *Trompeur trompé* ne sont pas des opéras-comiques sans mérite. Ses chansons ont de la gaîté, de la bonhomie et de l'entrain ; elles ont quelque chose de cette philosophie un peu avinée dont Désaugiers a été si riche. Dans ces genres divers, toutefois, Vadé eut de nombreux rivaux. Là, où il trôna sans partage, c'est dans le genre *poissard*, dont il fut le créateur et dont il allait étudier les modèles, pris sur le fait, aux halles et aux porcherons. Il avait tellement excellé à saisir les allures et le langage du vocabulaire poissard dont le peuple avait le privilége de se servir contre les passants et les acheteurs, que non-seulement il composait des pièces de théâtres et des poésies avec les scènes dont l'action s'était passée sous ses yeux, mais qu'il allait les réciter et les jouer lui-même devant le grand monde des salons. Sans descendre dans les marchés de Paris, le grand monde se procurait ainsi le spectacle curieux de l'éloquence, des mœurs et des disputes de la guinguette, des barrières et de la place Maubert (1).

(1) Voir les notes.

Avec Vadé qui fut trivial, sans être toujours obscène, l'école poissarde fut pour la poésie française ce que l'école flamande a été pour la peinture. Vadé en fut le Téniers. Vivant, il n'eut point de rivaux; mort, il n'a point eu d'imitateurs. Née avec l'époque qui la fit naître, cette poésie devait mourir avec elle, sous peine de n'être qu'un anachronisme incompris; et elle est morte, reléguée aujourd'hui parmi les curiosités qui ne charment plus que les hommes qu'André Chénier appelait « *les amants des loisirs studieux.* »

LE GÉNÉRAL FOY.

Ce qui ne mourra point, ce qui ne meurt jamais, c'est le souvenir des hauts faits du soldat, du patriotisme du citoyen, et de l'éloquence de l'orateur, dont, sous la Restauration, la ville de Ham offrit le modèle dans la personne du général Foy, né dans ses murs, le 5 février 1775, et l'un de ses plus illustres enfants.

Toutes les biographies racontent,—et ses services

distingués dans l'artillerie sous les généraux Dumouriez, Dampierre, Pichegru et Moreau en Italie et sur le Rhin, à cette grande époque des luttes de la République contre l'invasion menaçante des royautés européennes,—et son vote puritain, quand il craignit que les idées républicaines ne fussent absorbées et perdues avec les faisceaux du Consul sous la couronne impériale,—et ses campagnes dans le Frioul et en Turquie, où il arrêta les Anglais et les Russes aux Dardanelles : entreprise hardie que l'amiral Lalande voulait renouveler de nos jours, mais devant laquelle ont tremblé tous nos hommes d'État, qui ont mission de ne parler d'honneur national à la France que lorsqu'on a besoin de lui soutirer encore quelques écus,—et ses combats, et ses blessures aux bords du Tage en 1811 et 1812, — et son mérite apprécié enfin par Napoléon, le plus intelligent et le plus sincère appréciateur de tous les mérites, qui oublia le vote de l'ancien officier de Moreau, pour ne se souvenir que de l'habileté du général de brigade, qui, dans la retraite du Portugal, allait prendre rang parmi les plus savants tacticiens de l'époque, et dont il allait faire un général de division,—et les avantages que l'armée française lui dut aux *Quatre-Bras*, la veille de Waterloo, —et sa blessure, le lendemain, sur ce funeste champ de bataille, où il resta cependant jusqu'à la fin de la journée,—et son élection en 1819, comme représentant du département de l'Aisne à la chambre des députés, — et sa triple élection dans trois colléges, en 1823, — et son voyage triomphal au milieu des populations pyrénéennes, — et sa mort, qui fut pleurée comme une calamité publique, — et la reconnaissance du pays, qui dota ses enfants.

Il n'est donc pas nécessaire de retracer ici des faits connus de tous les contemporains, et qui ont si dignement rempli cette grande vie de soldat, de citoyen et d'orateur. Mais ce qu'il importe surtout aux enseignements que nous souhaitons voir ressortir de ce livre pour notre époque, c'est d'expliquer par les circonstances qui l'ont produite, cette éloquence grave et passionnée à la fois, en laquelle vinrent se résumer les sentiments et les idées de la France, dont elle fut le verbe sous la Restauration.

Par la gloire qu'il donna à la France et faite pour rendre une nation éternellement fière et puissante; par son génie, qui s'appliquait à tous les éléments du gouvernement et de la civilisation, Napoléon avait, durant quinze années, concentré en lui la force, la dignité, l'orgueil de la nation française, et jusqu'à ses passions et à son esprit. Quinze ans, le peuple français s'était senti vivre et régner en Napoléon ! quinze ans Napoléon avait été la France!

C'était la France qui, partout à la fois présente et visible, avait creusé à travers l'Europe le large sillon où, semence féconde, se répandait l'idée française. C'était la France qui du Tage au Boristhène plantait ses trois couleurs sur les palais des rois, où elle s'hébergeait, sur les Alpes, où elle traçait au travers du Simplon une route nouvelle, et sur le dôme doré qui portait la croix du grand Ivan. C'était la France, qui, des provinces conquises, faisait pour ses maréchaux des duchés ou des royaumes. C'était la France qui portait ses frontières par delà le Rhin. C'était la France qui jetait des rois sortis de son armée sur les trônes des Bourbons, de l'Italie et de l'Espagne. C'était la France qui replaçait une seconde fois le roi de Prusse sur un trône dont elle ne voulait pas. C'était la France qui envoyait ses préfets et les auditeurs de son conseil d'État pour gouverner des principautés de l'Allemagne. C'était la France, qui, séparant la puissance temporelle et spirituelle du chef de l'Église, rendait la tiare vassale et tributaire du bourlet d'un enfant, et revêtait la pourpre romaine comme au temps de Charlemagne.

C'était la France qui jetait la fille des Césars dans le lit de l'officier de fortune devenu son empereur, et qui élevait à sa gloire et ces arcs de triomphe, et ces colonnes de bronze faites avec les canons de l'ennemi. Surtout, c'était la France qui acculait et faisait trembler dans son île, en la mettant au ban du reste du monde, la vieille Angleterre, sa haineuse et jalouse rivale.... Partout la France, dans Napoléon ! toujours la France !

Mais ce fut trop de grandeur et trop de gloire, sans doute, pour être contenues et résumées dans un seul homme; et l'heure vint où la fragilité humaine dut se faire jour. Napoléon fut humilié et vaincu à son tour par toute cette Europe qu'il avait humiliée et vaincue. Il fut trahi par les grands de son empire, qui ne tenaient plus à lui que par l'intérêt de leur fortune et de leurs titres; et cet intérêt fut brisé du jour où ils virent qu'ils conserveraient titres et fortune, en passant d'un camp à une antichambre. Le peuple, après avoir perdu celui qu'il s'était habitué à regarder comme son action et sa pensée, se trouva n'avoir plus ni pensée ni action. Quand l'une et l'autre lui revinrent, il n'était plus temps; sa tête était passée sous le collier de la Restauration que lui avaient tendu les grands de l'Empire, soutenus par quinze cent mille étrangers.

Saturée de la gloire des armes, la France se fût peut-être résignée à se reposer de ses conquêtes, et à oublier à la longue son amoindrissement, dans les développements progressifs des libertés publiques. Mais, la Restauration, qui avait livré les conquêtes pour s'établir, ne sut, pour se maintenir, que marchander les libertés. Elle blessa le pays dans ses plus généreux sentiments de fierté et de justice, en livrant au dédain et aux persécutions les hommes dont l'épée l'avait rendu si glorieux et si puissant; et elle en alarma les instincts démocratiques, en menaçant les principes et les intérêts de sa grande révolution.

L'inintelligence et les emportements de la Restauration eurent donc pour effet d'opérer, dans les masses, une vive réaction en faveur des idées et des hommes de l'Empire qui tenaient au passé de la France par les souvenirs de sa gloire, et qui se rattachaient à son avenir par leur amour pour la liberté. C'est de cette réaction que le général Foy devint le symbole, de ces idées qu'il se fit l'organe, et de ces hommes qu'il fut la personnification. Eh ! remarquez avec quelle prévoyance Dieu prépare, de longue main, pour chaque époque les hommes qui conviennent! et comme il fait des antécédents même qui ont pu un temps leur être nuisibles, la base nouvelle de leur crédit et de leur autorité!

Le général Foy, qui, comme il le disait, avait fait tout ce qui était humainement possible pour empêcher le pouvoir de Napoléon, et qui avait refusé sa fortune, s'écriait : « J'ai le droit d'en dire du bien, sa gloire est notre patrimoine. » Et il disait cela, au moment où ceux qui en avaient été les courtisans et les valets, et qui lui devaient leur fortune et jusqu'à leur nouveau nom, le laissaient lâchement insulter, ou plus lâchement encore l'insultaient eux-mêmes.

Le général Foy avait combattu dans les jours mauvais comme dans les jours glorieux, pour l'honneur et l'intégrité de la patrie, notre passion de la veille, — et il combattait encore, pour les libertés politiques, notre passion du jour.

Les trésors de la France étaient mis au pillage pour subvenir à la soif immodérée des emplois, des sinécures, des gros traitements pour services de cour ou de sacristie; — et le général Foy avait dit : « Heureux le temps où l'on ne demandait l'honneur et l'avancement qu'aux services rendus à la patrie et au glorieux patronage de l'opinion publique! »

En proscrivant les hommes et les gloires de la République et de l'Empire; en laissant exalter les triomphes et les hommes de l'étranger ; en vouant à l'abandon les restes mutilés de nos dernières batailles, la Restauration s'efforçait d'amortir et de comprimer toute ardeur et tout esprit de nationalité ;—et le général Foy, avec les grands mots d'honneur, de patrie et de liberté, faisait courir d'un bout de la France à l'autre le frisson de l'enthousiasme sur les fibres populaires, qui rebondissaient frémissantes sous les vibrations de cette voix toute française.

Oh ! s'il ne fût point mort dans le plus beau temps des luttes de la tribune, sous la Restauration; si, plus tard, ayant survécu au triomphe des Trois-Jours, de cette réaction populaire dont il avait si énergiquement sonné le tocsin, il eût pu ne pas être tué comme le fut Benjamin Constant par le désespoir et la honte d'avoir été le complice de l'abaissement qui en fut la suite; si, avec les hommes dont il dit un jour qu'ils avaient changé de principes depuis qu'ils s'étaient fait d'autres dieux, il ne fût point allé s'absorber dans ce fétichisme dynastique, où se sont démonétisés les caractères réputés les moins malléables et les consciences qui passaient pour les plus fortement trempées; s'il vivait enfin de nos jours tel que la France l'a connu et honoré jadis...que dirait-il aujourd'hui, ô mon Dieu!

Lui qui, devant les électeurs libres du département de l'Aisne, s'écriait en 1819 : « Ce n'est pas moi qu'on verra attendre, pour penser, parler ou voter, le signal du pouvoir. Indépendant de tout le monde, hormis de mon devoir et de ma conscience, quand il faudra combattre à la tribune pour les intérêts des contribuables, et pour les droits fondés par la révolution, mes compatriotes jugeront bientôt si l'énergie du champ de bataille m'a abandonné ; » — que dirait-il, ô mon Dieu! en voyant ce qui reste des hommes qu'il conduisait autrefois aux luttes de la tribune, passer depuis douze ans, comme une livrée, à tous les ministres qui se succèdent, et qui ne se remplacent que pour compléter les uns par les autres la dilapidation de nos libertés et de la fortune publique et privée.

Lui, qui écrivait : « Les places ne valent pas l'ambition d'une âme relevée, il n'y a de bon dans le gouvernement populaire que ce qui vient du peuple ; » — que dirait-il, ô mon Dieu! de cette convoitise abjecte de titres, de rubans et de faveurs que ses anciens amis et ses disciples satisfont au prix de toutes les bassesses capables de flatter et de servir un gouvernement sans grandeur et sans moralité.

Lui qui s'écriait, aux applaudissements de tous les partis : « Il y a toujours de l'écho en France quand on prononce les mots d'honneur et de patrie ! » Que dirait-il, ô mon Dieu ! en voyant ces mots sacrés étouffés sous les rires et les murmures de nos champions furieux de *la paix à tout prix*, à qui manque à la fois l'instinct du patriotisme et le sens moral de l'honneur national ?

Oh ! Général, vous êtes mort assez tard pour votre gloire sans doute, mais trop tôt pour les libertés publiques qu'on traîne à reculons, et pour l'honneur de la patrie dont on fait litière « *au soldat odieux de l'étranger*... » Vous avez emporté avec vous le secret de cette éloquence grave et passionnée, qui vous venait à la fois des glorieux souvenirs et de l'honneur du camp, de vos instincts d'enfant du peuple et des pures ardeurs de votre amour pour la France, et dont beaucoup d'entre les hommes de ce temps ont vu les élans sublimes leur arriver avec les éclairs de votre foudroyant regard, la pâleur sévère de votre front, la menace de votre geste hautain et le sourire souvent dédaigneux de vos lèvres. Toutes ces choses sympathiques, et vous-même, nous font défaut aujourd'hui; et nous attendons que Dieu nous les renvoie.

Mais quoi? ne sommes-nous donc pas assez misérables et assez abaissés, qu'il nous les fasse attendre si longtemps? Ne sortira-t-il donc plus rien pour la patrie de cette noble ville de Ham, qui, sous Charles VII, arbora la première la bannière de la France, — d'où vous-même, général, vous êtes sorti pour protester contre « *le soldat odieux de l'étranger*, » — et qui, durant les luttes actives de la Restauration, fut le laboratoire clandestin, où le courageux et intelligent libraire Corréard, faisait imprimer ces pamphlets de Paul-Louis Courier, qui s'en allaient porter dans toute la France l'agitation et la haine des gens de cour et de sacristie?

PRISONNIERS D'ÉTAT.

XI.

PRISONNIERS D'ÉTAT.

Ham démantelé. — Ce qu'était le vieux château. — Oubliettes et tortures physiques. — Séjour des prisonniers depuis un siècle. — Les bénéfices sans l'odieux de l'échafaud. — Tortures morales. — Jacques Cassard et le cardinal Fleury. — Le cardinal Dubois et Philippe d'Orléans. — Traité de la quadruple alliance. — L'alliance anglaise et l'honneur national sous Philippe d'Orléans — Marbœuf, la reine Marie-Antoinette et Philippe Egalité. — Le chevalier Lautrec, ses amours, son crime, sa captivité, et sa délivrance. — Le prince Jules de Polignac et le Consulat. — Les ordonnances de 1830 et les ministres du roi Charles X. — Ce que c'est que le gouvernement constitutionnel. — *Il n'y avait qu'à savoir attendre.* — Despotisme du bon plaisir et despotisme légal, ou l'arbre coupé aux pieds et l'arbre mangé par les chenilles. — Ce qu'étaient les 221, expliqué par ce qu'ils sont devenus. — Logique des prédestinations de Dieu. — Maison de Vermandois et héritier de Charlemagne. — Maison d'Orléans et héritier de Napoléon.

Après que la ville de Ham eut été engagée à Mazarin, ses fortifications furent démantelées. La France perdit ainsi une place de guerre en état de faire une longue résistance, si l'on en juge par le plan de 1670, qui se trouve au cabinet des estampes de la Bibliothèque royale, et par les fondations qui, à l'époque où le canal de Saint-Quentin fut creusé, ont été découvertes auprès de l'écluse de la porte Noyon. Ce qui reste des murailles ne sert plus aujourd'hui qu'à soutenir les terres sur lesquelles s'élèvent les promenades de la ville. Le château fut conservé, mais on en ruina presque tous les ouvrages avancés.

« Avant 1500, dit M. de Lioux, les châtelains et leur famille habitaient les deux tours et la courtine du sud; c'était alors un long corps de logis pratiqué dans l'épaisseur du rempart, sur le revêtement duquel on voit encore de grandes croisées, murées depuis, et leurs énormes gonds de fer. Quelques pierres sculptées, peintes et même dorées, trouvées parmi les décombres, annoncent la richesse et le luxe dont les anciens châtelains aimaient à s'entourer.

« Dans ce temps-là, la grosse tour, reliée aujourd'hui aux murs qui l'entourent, était séparée du reste du château, par un fossé qu'alimentait la Somme qui, après avoir baigné le pied des murailles de la ville, du côté de la porte de Chauny, passait sous une voûte dont on voit l'enceinte entre la tour carrée qui regarde l'esplanade et la grosse tour. Celle-ci, alors isolée, entourée d'eau, fière de sa formidable cuirasse de cent pieds d'élévation et de diamètre, était le réduit de la forteresse, le Mon-Mieux du connétable de Saint-Pol.

« Revêtue sur toute sa surface de moellons de grès parfaitement égaux et unis par un ciment impénétrable, cette tour est encore le seul objet digne de captiver la curiosité, par sa masse importante et par la hardiesse de ses constructions intérieures (1).

« La grande chambre située au premier étage, et que l'on nomme la salle du conseil, dit la notice déjà citée, offre un sujet d'intérêt digne des pinceaux de Granet et de Bouton. Elle a la forme d'un hexagone régulier dont chaque face se termine à son sommet par autant de voûtes en ogives, encadrées dans de triples cordons de pierre qui se lient aux arceaux et vont aboutir en grand nombre à la clef. Une seule grande ouverture, donnant sur la campagne, éclaire cette vaste enceinte, de laquelle on pénètre dans plusieurs réduits obscurs.

(1) Voir les notes.

La salle du rez-de-chaussée est construite dans les mêmes conditions. La partie souterraine est profonde et entourée d'une ceinture de cachots.

« Le silence qui y règne n'est interrompu que par le bruit des pas que l'écho des voûtes fait résonner. La menaçante herse a disparu pour faire place à une vieille porte conduisant à la salle du rez-de-chaussée , où devaient se tenir les gardes. Dans l'épaisseur des murs, sont construites plusieurs chambres , et l'on est autorisé à penser que des fouilles amèneraient la découverte de plus d'une construction dont on ne connaît pas l'existence. Cinq autres tours flanquent les remparts et leur servent de point d'appui, elles sont plus petites , mais non moins curieuses. »

Aujourd'hui, dans l'ensemble non plus que dans les détails de sa construction extérieure, le château de Ham ne rappelle aucune des magnificences architectoniques et ciselées qui furent le caractère distinctif des édifices féodaux du moyen âge. Il ne présente plus que l'aspect de ce qu'il est devenu, — une prison-d'État froide, sombre et humide.

Durant ces époques énergiques et passionnées du moyen âge, tout imprégnées du sang des guerres nationales et des haines particulières que nous venons de traverser; dans ces temps, où malgré les ardeurs intelligentes qui venaient de l'Église et des nobles essais de la raison humaine, les tortures du corps étaient regardées comme le seul châtiment efficace des égarements de la pensée et des passions. Alors que la besogne du bourreau était trop expéditive au gré des haines et des vengeances, et que, pour prolonger et satisfaire celles qu'il soufflait à Louis XI, — à qui cependant elles venaient bien sans cela, — le cardinal La Balue inventait la captivité dans des cages de fer, dont il goûta à son tour, — on peut penser que le château de Ham dut avoir, comme ses pareils, ces funèbres oubliettes dont les traditions ont raconté les horreurs. Là, les victimes de la haine ou de l'ambition des puissants succombaient dans les angoisses de la faim, ou déchiquetées contre les dents d'une roue garnie de lames tranchantes, et que, dans leur chute élevée, les corps humains faisaient tourner. Toutefois nous avouons à notre honte qu'en visitant le château de Ham, nous n'avons rien vu et on ne nous a rien appris qui pût nous faire croire à l'existence de ces formidables oubliettes.

Certains conduits qu'avec une extrême défiance on nous a montrés comme pouvant en avoir fait l'office, nous ont semblé, par leur prolongation dans toute la hauteur de la tour, avoir eu une destination beaucoup moins fantastique. A notre grand regret nous n'avons donc pas découvert le moindre Capulet se dévorant le sein après avoir rongé le crâne de ses enfants..., ni le moindre prince Riche-Cautèle roulé par la princesse Finette dans un tonneau hérissé de lames de canifs, de rasoirs et de clous à crochet.

Hélas! sans la légende du père capucin, que nous avons racontée en son lieu, nous n'aurions rien eu à dire non plus sur les tortures subies au fond des étroites guérites, creusées dans la muraille circulaire de la tour, et que l'on nous dit avoir été des cachots destinés à renfermer les prisonniers, qui ne pouvaient s'y tenir que debout et qui souffraient ainsi la vie plus cruelle cent fois que la mort.

Depuis plus d'un siècle, au demeurant, on n'a pas souvenance que les prisonniers d'État aient été enfermés dans les tours. Ils l'ont toujours été dans les mesquins bâtiments élevés entre les murs d'enceinte du château, et dont une partie est destinée à loger la garnison.

Mais, tour ou bâtiment, chambre ou cachot,

n'est-ce point toujours une prison? Qu'est-il besoin de rechercher dans le passé ce qu'ont pu être les souffrances des corps suppliciés dans les cachots? et qu'avons-nous à louer notre siècle de ce qu'il ne les renouvelle pas? Qu'étaient les tortures de la chair, qui avaient au moins cet avantage qu'au bout de quelques heures et de quelques jours elles se détruisent en la détruisant, auprès des tortures de l'âme et de la pensée humaine qui s'engendrent d'elles-mêmes, s'étendent et se développent par leur perpétuité? Et une prison d'État, cette clémence hypocrite et cruelle qui a les bénéfices de l'échafaud sans en avoir l'odieux, qu'est-ce autre chose que le châtiment du courage du cœur, de la fierté de l'âme et de l'indépendante audace de la pensée? Et, dès-lors n'y a-t-il pas dans la noble et intelligente nature du captif lui-même le bourreau moral qui torture et qui tue plus sûrement et mieux que ne le ferait le bourreau de chair le plus ingénieux à torturer et à tuer? N'y a-t-il pas les rêves dorés de l'avenir, les ardeurs intelligentes, la foi déçue en sa pensée et en son œuvre, les joies perdues, la famille absente et les émollientes passions qui, sans expansion possible au-dehors, bouillonnent, bondissent encore sur elles-mêmes et se heurtent journellement à l'impossible, dressé par les murs d'une forteresse, comme la lave d'un volcan aux parois de son cratère fermé? Et par-dessus tout, n'y a-t-il pas cet instinct divin de liberté dont tout ce qui a vie et mouvement, tout ce qui se voit, se touche ou se devine, irritent les facultés puissantes : — et l'oiseau qui chante, et la fleur qui s'épanouit au soleil, et le nuage qui passe sous le ciel, et la feuille de l'arbre que le vent emporte?..

Certes, voilà les réelles et lamentables douleurs dont, à défaut de registres d'écrou, les traditions du siècle passé, et les nouveaux registres ouverts et remplis depuis le nôtre, nous disent que le château de Ham a été et est encore le sépulcre.

Là fut enfermé et mourut, en 1740, Jacques Cassard de Nantes, l'un de ces nombreux et intrépides marins qui ont de tout temps illustré les côtes de la Bretagne, leur patrie, et livré à la marine anglaise, avec quelques pauvres coques de noix, ces combats corps à corps dont les flots de l'Océan ont, bien souvent, connu seuls les prodiges. De simple flibustier, il devint capitaine de vaisseau et commandant d'une flotte, avec laquelle il alla ravager au profit de la France les possessions coloniales des Portugais et des Anglais.

Tout son crime fut d'avoir manqué de respect au cardinal de Fleury, précepteur du roi; mais on ne dit point à quelle occasion. Il est pourtant facile de suppléer par la présomption historique à la tradition perdue.

Ce précepteur-ministre de Louis XV souffla sur son élève et sur la nation l'esprit de quiétude de sa longue et verte vieillesse. Pendant les seize années de son ministère, à l'agitation cupide et cynique dans laquelle la France avait été precipitée par le cardinal Dubois, dont le nom a épuisé toutes les épithètes de mépris, et dont on ne peut plus dire autre chose sinon qu'avec Philippe d'Orléans, son digne élève, il eut l'honneur de lasser la calomnie elle-même en outrepassant tout ce qu'elle aurait pu inventer, — le cardinal Fleury fit succéder l'inertie et l'indolence que troublèrent à peine les querelles de la bulle *Unigenitus* et les ridicules miracles de la tombe du diacre Pâris dans le cimetière de Saint-Médard.

Par son égoïste amour de vieillard pour la paix, qui servait, en les flattant, l'apathie et l'incapacité de Louis XV, le cardinal de Fleury voulait maintenir l'amoindrissant traité de la quadruple alliance, — cette œuvre de Dubois, qui n'accomplissant que trop vite les prédictions du vieux maréchal de Villars, sacrifia aux intérêts passagers de la maison d'Orléans les intérêts permanents du pays et blessa toutes les sympathies nationales, en ouvrant aux alliances politiques de la France ce nouveau système de l'alliance anglaise, à laquelle, à cette heure encore et toujours pour la même cause, il a été sacrifié tant d'intérêts d'honneur, de nationalité, de prépondérance et de commerce.

Ce sera sans doute l'un de ces moments, où par quelque lâche complaisance, — dont depuis douze ans nous avons retrouvé le secret, — le cardinal travaillait au maintien des bonnes dispositions de l'Angleterre, que le brave marin aura précisément choisi pour résister à l'une de ces avanies que, franche interprète des haines éternelles des deux nations, la marine anglaise prodigue à la marine de France, et qu'aujourd'hui les ministres de Louis-Philippe-d'Orléans, roi des Français, laissent impunies comme les ministres du pupille de Philippe d'Orléans, régent de France. Une explication s'en sera nécessairement ensuivie entre le fougueux et peu diplomate marin et le froid et cauteleux ministre. Celui-ci aura parlé de son roi, de son portefeuille et de son repos, et celui-là de la patrie et de l'intérêt du commerce, et il sera allé jusqu'à dire que le soldat qui se bat pour tenir haut le pavillon de son pays, vaut toujours mieux que le ministre qui gouverne pour le faire amener. Le cardinal aura trouvé peu respectueuse cette vérité à brûle-pourpoint, il aura répliqué par une lettre de cachet, cette dernière raison des monarchies ministérielles, et Cassard aura payé de sa liberté et de sa vie sa franchise et son patriotisme.

Dans le château de Ham fut aussi renfermé, durant les dernières années du siècle passé, un gentilhomme du nom de Marbœuf; mais ce n'est ni le gouverneur de la Corse, ni son frère l'archevêque de Rheims. — Un nom ! voilà tout ce qu'il y a de certain sur cette captivité. A peine une vague tradition ose-t-elle balbutier que le crime de Marbœuf fut d'avoir laissé son cœur et ses yeux s'éprendre de folie pour cette infortunée et noble reine de France, — dont la beauté, majestueuse et attrayante tout ensemble, subjugua la fougue tribunitienne de Mirabeau contre la cour ; —dont les larmes et la dignité, pendant les angoisses du retour de Varennes, firent naître le doute et presque le repentir dans le cœur de Barnave ;—mais pour qui les fureurs populaires, longtemps aux gages des implacables calomnies de Philippe-Égalité, furent sans pitié comme lui.

Une tradition moins incertaine, quoique de la même époque, raconte les amours, le crime et la folie d'un autre prisonnier du nom de Lautrec, — grand nom que répètent les vieux fabliaux de l'Occitanie et que la vaillance et la gloire ont inscrit parmi les noms des chevaliers de la conquête du royaume de Naples et du Milanais sous les rois Louis XII et François Ier.

Mais, depuis que cette tradition a été recueillie dans quelques pages d'une simplicité touchante et digne, qu'un prisonnier célèbre a écrites sur ce château de Ham, où il lui succéda quarante ans plus tard, il n'est plus permis à personne d'y toucher. C'est un devoir pieux, désormais, dont un écrivain doit savoir s'honorer, que de la reproduire dans les termes mêmes qui en ont fait revivre le souvenir (1).

« Beau, ardent, formé pour toutes les choses extrêmes, né pour les excès de la vertu ou pour ceux du vice, Lautrec avait rencontré une jeune fille belle comme lui, comme lui gracieuse et passionnée, mais chaste, pieuse, pleine de candeur et

(1) Le livre des *Cent-et-un*, tome VII. (HAM, par M. le comte de Peyronnet.)

de modestie. Lautrec l'aima comme il devait l'aimer, d'un amour furieux et désordonné. La jeune fille aussi se laissa surprendre d'amour : elle aima Lautrec, elle l'aima tendrement et innocemment.

« Mais elle était de condition obscure, et n'avait point de biens pour s'en racheter. Lui s'imagina quelque temps que l'amour serait plus fort en elle que la vertu ; il se trompait : la pauvre fille étonnée et humiliée trouvait d'inépuisables secours dans sa pureté. Elle eût voulu cesser d'aimer, si la volonté suffisait.

« Lautrec n'espérait point de fléchir l'orgueil de son père, et il ne l'essayait point. L'inutile passion qui le consumait devint un mal opiniâtre et profond. Son teint se flétrissait ; ses regards perdaient leur vivacité. Il vivait à l'écart, sombre, soucieux, taciturne. Il entendait à peine et ne répondait que par des gémissements.

« Lautrec avait un oncle encore jeune, élevé de bonne heure à de grandes dignités dans l'Église, et qui lui avait toujours montré beaucoup d'affection. Cet oncle remarqua le changement qui s'était fait en lui et s'en affligea. Il lui fit plusieurs fois de pressantes questions ; le jeune homme éludait et dissimulait. L'oncle ne se rebuta point et persévéra. Lautrec cédant enfin à ses importunités et à ses caresses, laissa échapper son secret.

« C'était un temps de mœurs légères et peu scrupuleuses ; on n'y avait pas coutume d'y traiter l'amour si sérieusement. L'oncle entreprit de désabuser et d'affranchir son neveu. Il vit la jeune fille et épuisa auprès d'elle tous les artifices et toutes les séductions. Tantôt il la conjurait de renoncer par amour à son amour même, afin que celui qu'elle aimait devînt libre d'un engagement qui le rendait malheureux. Une autre fois, s'il ne suffisait pas de l'amour, il offrait d'y ajouter des richesses en dédommagement du sacrifice qu'il sollicitait. Une autre fois, puisque sa tendresse était si profonde et que le courage lui manquait pour y renoncer, il hasardait et balbutiait des conseils d'une autre sorte, faisant entendre à la jeune fille que tout espoir d'une union légitime lui étant interdit, il ne lui restait plus, voulant garder son amour, que de lui céder.

« Mais la vertu de la pauvre fille n'avait pas moins de profondes racines que sa passion. L'inflexible simplicité de son jeune esprit déconcertait toutes les ruses. Le cœur de l'oncle en fut lui-même troublé, et une pensée perverse, affreuse, funeste, s'empara de lui. Il s'était proposé de séduire, et c'était lui qui était séduit. Tant de charmes l'avaient subjugué; tant de vertu lui inspirait une insurmontable admiration. Le malheureux aima et osa le dire. Un cri d'horreur et d'effroi fut la seule réponse de la jeune fille; confondu et épouvanté, il s'enfuit.

« Au même moment Lautrec arrivait. La fille pleurait, gémissait, et donnait les marques du plus violent désespoir. Le jeune homme aussi se désespérait et interrogeait d'où venaient une si grande agitation et une si vive douleur? Il voulait le savoir, le savoir à l'instant, sans ménagements et sans restriction. Sa voix était suppliante à la fois et impérieuse. Il priait et il exigeait; il pleurait et il commandait. Qu'est-ce que la pauvre fille pouvait faire? Vaincue par sa propre émotion et par les emportements de Lautrec; incapable, dans son indignation et dans sa stupeur, de rien mesurer et de rien prévoir, d'imprudentes paroles lui échappèrent. Lautrec apprit la trahison, ou la devina.

« Anéanti, sa tête se troubla et ne retint plus qu'une faible lueur de raison. Il se précipita, il saisit ses armes, il suivit les traces de son oncle, il l'atteignit au pied des autels, et tout revêtu qu'il était des marques de sa dignité, il le frappa et se rassasia de son sang.

« Les cachots de Ham furent depuis le refuge de son crime ou de sa folie. Il y avait passé quarante ans, quand survint la révolution de 1789 ; alors on le délivra. Mais oublié, réputé mort, méconnu des siens, il n'avait plus ni pain ni asile. La ville de Ham prit pitié de lui, et le remit à une pauvre femme pour en avoir soin et pour le nourrir. Il en profita peu et mourut au bout de trois mois. *Peut-être eût-il vécu plus longtemps si la liberté, cette étrangère qui lui était inconnue, n'était pas venue inopinément déranger les tristes habitudes de sa vie.* »

Hommes du Pouvoir, qui vous croyez humains parce que vous avez remplacé l'échafaud par la prison perpétuelle, voilà donc tout ce qu'a pu dire, sur le retour à la liberté quarante ans perdue, un homme qui a eu aussi le pouvoir de faire et de défaire des lois et des arrêts de captivité, et qui, par un retour amer de fortune, a été frappé de captivité, lui-même! La liberté perdue est enfin à ses yeux un supplice si meurtrier, qu'il vient un moment où, pour recommencer à être humain, il ne reste plus qu'à refuser de la rendre.—Dieu seul est donc clément; car il a fait la mort, et pour la mort l'éternité!

Nous sortons enfin de ces époques où la liberté individuelle et la liberté de la raison humaine étaient livrées sans contrôle à l'arbitraire des rois, des ministres, des riches et des puissants, qui, individualisant en eux seuls les intérêts de la société, punissaient par des édits d'exil et des lettres de cachet, comme crimes au nom de l'intérêt de l'État et de la société, toutes les tentatives de résistance, lesquelles ne menaçaient pourtant que leurs intérêts personnels de position, d'orgueil et de fortune.

Nous arrivons à cette grande époque révolutionnaire de France, que le fonctionnement séculaire du despotisme a fait éclore, et qu'elle eut pour mission spéciale de briser à tout jamais.

Mais, contradiction éternelle des institutions politiques et sociales! Misères et faiblesses des passions humaines qui ne changent pas! Leurre toujours usé et toujours offert, auquel les nations se laissent prendre sans cesse pour briser le joug et pour le subir de nouveau! Variables et passagères, soumises, pour leurs formes et pour leurs principes, à toutes les actions du temps et des événements; — là erreur, ici vérité, jeunes hier, décrépites aujourd'hui, jeunes encore demain, les sociétés politiques modernes, comme leurs devancières, ont la prétention d'obtenir pour elles le droit que, permanente et immuable dans sa destinée, la société humaine elle-même ne réclame point : — le droit qui n'appartient qu'à Dieu, — le droit de contenir et de posséder l'homme tout entier, l'homme extérieur et l'homme intérieur!

Ainsi, née du triomphe de la doctrine du libre examen et du droit de résistance, la nouvelle société politique remet en honneur, pour son usage, précisément les deux mauvais principes, que, faussée dans son esprit et dans sa règle, l'ancienne société a payé si cher, et dont ce triomphe lui-même a été l'énergique réaction. Non-seulement elle a la prétention d'imposer et de transmettre, de haut en bas, les croyances qui font sa base, de définir les actions matériellement coupables ou politiquement et socialement dangereuses, de dominer enfin l'homme extérieur; mais elle prétend s'arroger, aussi, le droit de coaction contre les pensées, le droit de forcer à croire ou à se taire, le droit de punir matériellement les croyances opposées, le droit, en un mot, de dominer l'homme intérieur tout entier. Les protestations des Ambroise, des Hilaire de la société politique ne prévalent pas plus en ce temps, que ne prévalurent les protestations des Ambroise et des Hilaire de la société religieuse dans les temps anciens. La persécution des oppositions est devenue un fait dominant, comme le fut la persécution des hérésies ; et celle-là, comme celle-ci, atteste également le mépris de la liberté légitime de la pensée humaine.

Ce n'est point à d'autres fins que nos deux révolutions politiques, œuvre triomphante du droit d'examen et de résistance, ont maintenu debout tout ce qui a pu être conservé des citadelles et des châteaux-forts, où la raison individuelle et le droit de résistance abritaient autrefois leur action militante. Elles en ont fait des prisons d'État, dans lesquelles, de nos jours, est étouffé l'essor de cette même raison et sont châtiées les tentatives de ce même droit. Aussi, peut-on dire que c'est précisément depuis leur victoire et leur reconnaissance, que la raison individuelle et la résistance ont perdu les moyens les plus virtuels de se défendre et de se maintenir. Leur triomphe, à fin de compte, n'aura donc été qu'un désarmement, et le pire de tous; car elles n'auront désarmé que pour faire passer leurs armes à qui se déclare leur ennemi. Ce qui était un lieu de franchise et d'asile pour elles, sera devenu contre elles un lieu de répression et de tyrannie. La raison et la résistance auront donc été affaiblies, dans notre temps, et de ce qu'elles ont laissé détruire, et de ce qu'elles ont laissé conserver.

Ne semble-t-il point par là que nos deux révolutions aient eu l'instinct de leur impuissance à faire ressortir le plein et entier effet des principes au nom desquels elles ont réagi contre le passé ? En empruntant à ce passé, contre leur développement, les garanties mêmes qu'elles auraient au contraire dû détruire, n'ont-elles point témoigné qu'elles ne se considéraient, à leur tour, que comme un temps d'arrêt, qui allait s'efforcer lui aussi de s'imposer le plus longtemps possible ? Eh ! n'est-ce point proclamer que bien certainement il y a quelque chose encore au-delà ? N'est-ce point enseigner aux nations qu'après avoir conquis la liberté de conscience dans la société religieuse, il reste encore à l'homme à conquérir la liberté de pensée dans la société politique?

Obéissant, en effet, aux lois providentielles du progrès de toute société, la foule est là toujours qui, inquiète et avide, comparant le présent au passé, les améliorations enfin obtenues et les résistances opiniâtrement opposées, se demande si, en réalité, au-delà de ce qui a été péniblement conquis, il n'y a plus rien de régulier et de stable; si l'on est plus arrivé à la fin de tout aujourd'hui, qu'on n'y était arrivé hier ; et s'il n'est point possible de constituer demain un ordre de choses qui, pour les satisfaire plus amplement, toucherait à la fois et plus intimement, dans un avenir prochain, à tous les intérêts humains, politiques et sociaux de religion, de liberté, d'autorité, d'ordre, de bien-être, de nationalité, de développement intellectuel et moral, de travail et de production !

C'est donc la vieille lutte, engagée par la plus sainte des libertés humaines, qui a recommencé ou plutôt qui se continue dans notre siècle, hérissé des mêmes instruments de coaction : le geôlier et le bourreau ! Lutte toujours orageuse, semée de périls, de crimes peut-être, mais noble, puissante, et qui fera surgir dans notre temps, comme dans le passé, de sublimes exemples de dévouement et de volonté énergique! Elle a déjà eu ses Jean Huss et ses Jérôme de Prague; elle aura fatalement et logiquement son Luther, pour achever l'œuvre qui, commencée par la réforme religieuse, fut continuée par le mouvement philosophique du dernier siècle, et avancée par les révolutions politiques de 89 et de 1830.

Hélas, grand Dieu! sera-ce donc seulement du milieu d'une révolution nouvelle, dont notre époque est l'effrayant symptôme, qu'éclatera de toutes parts l'exercice complet de la raison et de la liberté?

Voilà qui explique pourquoi le château de Ham, dont la destination, comme prison d'État, avait été changée par Louis XVI, qui supprima ce genre de prison, fut rendu à cette destination, par la République, à qui ne suffisaient plus les abbayes, les séminaires et les églises, pour entasser ses victimes. Lorsque la Convention, qui s'était si largement décimée elle-même, voulut, après le 9 thermidor, enrayer sans l'échafaud le char de la révolution, et se débarrasser, par la déportation ou la captivité, de ceux qui, selon la formidable expression de Barrère, en avaient « *graissé les roues avec du sang*, » le château de Ham devint la prison de Bourdon, Châles, Duhem, Choudieu, et de ce terrible Victor Hugues, à qui devait bientôt être confié le proconsulat de la Guadeloupe, qu'il défendit si énergiquement contre les vaisseaux de l'Angleterre.

Tout prisonnier qu'il était, Bourdon voulut confesser sa foi dans la république, dont il avait été l'un des fondateurs,—comme l'avaient fait, avant lui, les Girondins en marchant à l'échafaud où il avait aidé à les pousser. C'est lui qui planta et qui, selon la sublime folie de ce temps, voua au culte de la liberté un jeune arbre, devenu le vaste tilleul qui jette encore à cette heure son ombre dans la grande cour du château. Ironie cruelle qui fait fleurir sous les yeux des prisonniers le symbole impuissant de la liberté dont la réalité est morte pour eux! Mais aussi, emblême vivant de la pensée humaine, dont les murailles des cachots et des forteresses sont impuissantes à comprimer l'essor et à tuer les droits!

Bientôt, à ces formidables chauffeurs de la *machine à décrets*, succédèrent quelques-uns des hommes dont cette machine prenait à la fois l'or et le sang. Ayant fait abandon du premier, ceux-ci n'avaient pu sauver le second qu'en fuyant la France. Mais, complice des discordes civiles, la tempête les rejeta sur les côtes de Calais. La lutte s'engagea alors entre le nouveau droit politique de la Révolution et l'antique et sacré droit des gens. L'un prononçait la peine de mort, l'autre exigeait la vie et le renvoi sur la terre d'exil. Mais si les hommes qui gouvernaient la France en ce moment, avaient déjà perdu, avec l'énergie des convictions, l'audace de l'iniquité et du crime, ils n'avaient point encore reconquis le courage du bien et de la justice. Ils s'arrêtèrent donc, comme il est arrivé depuis en pareil cas, à un parti moyen qui ne fut ni l'iniquité extrême, ni la justice entière;—ce ne fut pas moins toujours la honte ! *Pour crime de naufrage*, non prévu par le code révolutionnaire, la captivité dans le château de Ham devint le châtiment de ces épaves de l'exil, parmi lesquelles figuraient un Vibraye, un Montmorency, un Choiseul, à qui le Premier Consul rendit la liberté (1).

Environ vers ce même temps, les portes du château de Ham s'ouvrirent pour recevoir M. Jules de Polignac, l'agent le plus actif et le plus dévoué de cette escouade de royalistes, que les princes de la maison de Bourbon poussaient dans les conspirations de 1804, où l'ancien régime et la Vendée donnaient la main à la République mécontente et refoulée. Alors, Moreau et Pichegru, le marquis de Rivière et Georges Cadoudal s'associaient pour frapper de mort, par l'assassinat de Bonaparte, cette ère magnifique du Consulat, qui rendait à la France républicaine et à la France royaliste tout ensemble, la liberté et l'ordre au-dedans avec la gloire et la prépondérance au-dehors, et qui ruinait ainsi à la fois toutes les ambitions dont les chances ne reposaient que sur les misères et les humiliations de la patrie. Vingt-cinq ans plus tard

(1) Voir les notes.

les portes de Ham devaient se fermer de nouveau sur ce même prince de Polignac, victime encore de son dévouement tout personnel à un prince de cette même famille des Bourbons. Dévouement qu'on pourrait louer, s'il n'avait été aveugle à ce point d'ourdir une première fois des trames dont un assassinat était le but, et de signer plus tard, par la violation de la loi constitutionnelle du royaume, un coup d'Etat dont la guerre civile était le dernier mot! — Deux crimes que les passions politiques expliquent sans doute, mais que l'histoire ne saurait absoudre; car ils blessent les éternelles lois divines et sociales; ils sont un attentat contre l'humanité et contre la patrie.

Mais ce crime contre la patrie, ce coup d'État de 1830, les contemporains ont-ils bien conservé le droit de le qualifier aussi sévèrement que le fera l'histoire? Les douze années qui viennent de s'écouler sont-elles donc, en réalité, autre chose que sa mise en œuvre, reprise seulement par des mains autres et plus habiles? La catastrophe qui en fut le châtiment n'avait-elle donc d'autres fins que d'en modifier par la ruse l'exécution violente? et, pour tout dire, d'enseigner que la nation avait réagi moins contre les griefs en eux-mêmes que contre la forme dans laquelle ils lui étaient imposés?

Aussi, après deux années passées dans la captivité du château de Ham, qu'il partageait avec MM. de Polignac, de Chantelause et de Guernon Ranville, signataires comme lui des ordonnances qui perdirent la famille qu'ils voulaient sauver;—après avoir vu que le pouvoir nouveau qui en était l'héritier marchait, sans trop d'obstacles et par des chemins couverts, dans la même route où ses rois s'étaient cassé le cou en plein soleil; —voyant surtout que ce pouvoir y était entouré et servi cependant par les mêmes hommes qui leur avaient été si implacables, M. de Peyronnet se sentit-il pris par le doute, non sur le coup d'état en lui-même, mais sur son opportunité.

« Peut-être, écrivait-il, il y avait encore à atten-
« dre! Qui le sait? Qui sait si l'ennemi, qu'on
« n'attaquait pas, aurait tout osé, ou si, osant tout,
« sa témérité même n'eût pas aidé à sa confusion
« et à sa défaite? » (1)

Oui, M. le comte, il y avait encore à attendre. Qui vous pressait? Les derniers Bourbons de la Restauration n'avaient-ils donc pas, comme ceux d'aujourd'hui, les deux Chambres à leur ser-

(1) Livre des *Cent et un*, tome VII.

vice? Les deux chambres! Louis XVIII n'avait-il pas longuement enseigné ce qu'on en pouvait faire? Les deux Chambres n'étaient-elles donc pas encore une pompe aspirante et foulante de la force environ de six cents pairs et députés dont, avec de l'habileté, on parvient toujours à rendre la majorité docile en l'intéressant par peur, ou par tout autre moyen non moins honnête, à l'adoption des projets du Pouvoir? Quelque article de la charte ou de la constitution gêne-t-il? avez-vous les mains liées par cet article? Les deux Chambres ne sont-elles pas là qui le défont ou l'interprêtent au moyen d'une loi?

Sous Louis XVIII, et ensuite sous le premier ministère de Charles X, les principaux articles de la Charte ne furent-ils pas successivement commentés de la sorte, tordus et pressurés pour y trouver et en faire sortir quelque mesure restrictive ou compressive de quelque pauvre liberté? Ainsi, le droit électoral n'avait-il pas été faussé par le double vote? Le droit d'éligibilité restreint par une déclaration d'indignité? La liberté d'opinion muselée par la censure? La liberté individuelle suspendue par la loi qui la mettait à la merci de trois ministres? Et la liberté de la tribune violée par l'expulsion d'un député ? La septennalité ne biffa-t-elle pas un article entier de la Charte? Et l'indemnité aux émigrés ne fit-elle point payer par la nation entière la garantie des biens de quelques-uns? — Un grand acte de justice, au demeurant, M. le comte, qui a pour jamais arraché la peine de la confiscation du code des révolutions à venir ! — Tout, jusqu'à l'égalité des charges contributives, ne fut-elle pas rendue une dérision , par l'appel des capitaux dans la création de rentes , — nouvelle source de fortune , propriété de nouvelle espèce , qui ne figure point au rang des choses imposables ?

Qui donc vous gênait ?... Les 221 peut-être ? Aujourd'hui, qu'après votre chute vous les voyez à l'œuvre, oh ! que vous devez avoir honte et regret de les avoir pris pour autre chose , hélas ! que ce qu'ils ont été, ambitieux, timides, mesquins et cupides. De l'or ! des places ! n'en aviez-vous donc plus ? Ils se sont pour la plupart contentés de si peu ! un ruban, un sourire, un dîner, un bal de cour ! la moindre bagatelle. Oh ! que les chemins de fer n'existaient-ils , même en projet, de votre temps ! Avec cela , M. le comte, il n'y aurait eu rien à craindre ; et les 221 vous seraient revenus plus royalistes que le roi. Eh ! en effet, qu'est-ce qu'un milliard d'impôts, un milliard de déficit, et un milliard d'extraordinaire, de nos jours? Nouveau Thésée, le roi constitutionnel ne peut-il point faire monter ses Argonautes sur le vaisseau de l'État, et voguer ensemble intrépidemment à la conquête de la toison d'or? « *Donnez-moi, et je vous donnerai.* » voilà la maxime! Qui donc empêche les ministres d'agir comme le maître, de prendre et de donner pour qu'on les laisse prendre. Les finances sont choses positives et tangibles, et leur influence immense. Elles arrondissent et engraissent tous les traitements; la moitié de la nation paie l'autre moitié; et, à fin de compte, il se trouve que la bourse des peuples est inépuisable. « *Nous voulons*, » laissait le monarque oisif; c'était bon pour les *Rois Fainéants !* Dans le gouvernement constitutionnel, au contraire, un roi a le plaisir de l'intrigue, toujours; celui du succès quand il a réussi; il met ses ministres à la porte quand il a manqué son coup; et il s'habitue à combler avec de l'influence ce qui manque à son autorité. Un roi constitutionnel ne fait plus la loi, il est vrai; il ne rend plus que les ordonnances qui en règlent l'exécution, c'est encore vrai; mais avec de la perspicacité, des ministres ingénieux et retors, un gouvernement ne se sent jamais trop à l'étroit dans ce cercle en apparence borné des ordonnances. En y mettant de la ruse, il creuse tant qu'il le veut, dans le tuf de l'illégalité : ceci est l'affaire des sophistes qu'il tient à ses gages, des tribunaux qui, à la longue rendent autant de services que d'arrêts, et des *Jurés probes et libres, tels que les veut la loi,* à la confection de laquelle les appelle le monopole électoral qui est à lui-même son propre faiseur de lois.

Vous le voyez donc bien, ministres de Charles X! la légalité aidant, et aussi la fatigue et l'indifférence du peuple, la Restauration aurait repris à la longue, et en détail, comme cela s'accomplit si paisiblement de nos jours, les libertés qu'il avait fallu promettre. Il n'était nul besoin de recourir à la brutale batterie masquée dans l'art. 14, pour faire feu sur toutes les libertés à la fois. Sans doute, ce n'eût été là que l'hypocrisie du despotisme ; et le despotisme pur va mieux à qui n'a pas un cœur de lièvre dans une peau de renard ; mais que voulez-vous? le despotisme pur, que Louis XIV fit fleurir par les compensations de la gloire, avait fait son temps, en France, depuis les turpitudes, sans compensations, de la régence d'Orléans et des faiblesses du règne de Louis XV. D'ailleurs, l'ancien despotisme, le despotisme du bon plaisir était un maladroit : il coupait l'arbre au pied pour en cueillir le fruit, mais l'arbre ne reproduisait plus. Le despotisme nouveau, au contraire, le despotisme légal, lui, oh ! c'est bien mieux ! Il cultive l'arbre avec amour, et il en fait annuellement dévorer les fruits par ses chenilles ; mais l'arbre reproduit, et en voilà pour l'éternité... sauf les ouragans !

Oui, vous l'avez dit, M. de Peyronnet, vous aviez encore à attendre, et vos regrets doivent être poignants en voyant, par ce qui se passe de nos jours, combien vous aviez mal pris la mesure, non de la nation française mais de la nation légale qui la conduit ; ce qui est bien différent ! Hélas ! voyez comme nous sommes déchus depuis 1830 ! Nous en sommes réduits à vous regretter presque, nous qui vous avons combattus dans la presse et dans la rue ! Vous aviez du moins dans le cœur un sentiment assez haut de la force et de la dignité de la France. Pour quelques hommes de parti vous pouvez bien être encore ce qu'on vous disait le lendemain de vos fatales ordonnances ; mais les hommes nationaux, qui gémissent de l'abaissement continu de la patrie devant l'étranger, vous honoreront toujours pour la réponse ferme et digne que vous fites à l'Angleterre après la conquête d'Alger, et pour votre projet, aujourd'hui connu, de rendre à la France ses frontières du Rhin.

Il y a deux années à peine, c'est à ce dernier feuillet de la Restauration, égaré dans l'époque actuelle qu'eût été close l'histoire de Ham. Mais, si puissamment mêlée jusque-là à l'histoire générale du pays, elle fut tombée tout à coup dans l'isolement et dans l'obscurité. Privée de tout point de soudure avec les éventualités de l'avenir, dont notre époque renferme le germe, elle fût restée en arrière, comme une borne milliaire à laquelle les générations ne reviennent plus que pour regarder dans le passé. Histoire dès lors sans actualité, sans conclusion ! Monument hybride auquel manquerait le couronnement ! C'eût été une destinée vulgaire.

Mais Dieu ne veut point qu'il en soit ainsi pour les peuples et pour les cités, où, durant une longue suite de siècles, il a fortement empreint son doigt et ses enseignements. Ses prédestinations ont une logique; et pour témoigner de celles qu'il a faites, il se plaît à inscrire à la fin de leur histoire, des événements pareils à ceux qu'il a tracés à leur commencement.—Soudant de la sorte la chaîne des faits, qui lient l'avenir au passé.

Ainsi, les premières pages de l'histoire de Ham, que nous avons vu sortir claires et lisibles des ténèbres de son origine, racontent la captivité d'un héritier de Charlemagne qu'un comte de la maison de Vermandois fit enfermer « *dans un fort à lui sur la Somme ;* » — et les dernières pages de cette même histoire, dans notre époque, ont à raconter la captivité de l'héritier de Napoléon, enfermé, sous le règne de la maison d'Orléans, « *dans un fort à elle sur la Somme* » (1).

En 925, comme en 1842, ce fort sur la Somme, s'appelle le fort de HAM.

(1) Depuis Louis XIV, Ham faisait partie de l'apanage de la famille d'Orléans.

LE PRINCE

NAPOLÉON-LOUIS BONAPARTE.

XII.

LE PRINCE NAPOLÉON-LOUIS BONAPARTE.

Naisssance. — Plébiscite de l'an XII. — Bannissement. — Education. — Soldat de la cause des peuples. — Affranchissement de la patrie. — *L'inattendu.* — Traités de 1815. — Captivité et enseignements de Dieu. — Sainte-Hélène, Vienne, Ham. — Le mal du pays. — L'exil. — Causes de la popularité dans les classes inférieures. — Le prince Napoléon au lac de Constance. — Les proscrits et le château d'Arenenberg. — Le prince Napoléon, les insurgés de la Romagne et le marquis Zappi. — Les condamnés. — Gage pour tous. — Prince, homme et chrétien. — Sympathies. — Pureté et énergie du sens moral. — Maxime du Prince Napoléon. — Le général Montholon, le docteur Conneau, Charles Thélain. — Détails de captivité. — Les 600 fr. de M. de Rémuzat et les 200,000 fr. de la duchesse d'Orléans. — Mot du général Montholon. — Le prince Napoléon, penseur, publiciste et représentant d'un principe. — Testament politique de Sainte-Hélène. — Les idées napoléoniennes. — Opinion d'un ministre de la Grande-Bretagne. — Principes dont ces idées sont le symbole et la vie. — Manière du prince comme écrivain. — Conversations. — Fournisseurs d'entreprises et amortisseurs. — *La souffrance n'est pas toujours perdue.* — Magie des souvenirs. — Conclusion.

Petit-fils d'impératrice, fils de roi, neveu d'empereur ;

Né au bruit du canon de Wagram, en plein épanouissement des merveilles de la grande époque impériale, et sous les regards de l'aigle qui touchait de ses ailes aux Pyrénées et au Danube, à l'Escaut et au Tibre;

Inscrit sur le grand livre déposé au sénat pour l'ordre de successibilité au trône;

Déshérité bientôt, par un berceau, des droits que lui assuraient les constitutions de l'Empire; et vingt ans plus tard, héritier de ces mêmes droits que lui lègue une tombe où veillait le plébisciste de l'an XII;

Banni à perpétuité, lui et tous les siens, de la patrie qui leur avait donné l'élévation en échange de la gloire;

Recevant, en exil, une éducation virile et forte, comme un enfant du peuple qui n'attend sa fortune que du travail de ses bras; appliqué à l'étude des arts et des sciences comme s'il était condamné à leur demander éternellement l'oubli de la grandeur déchue et les charmes d'une vie opulente mais tranquille; et formé cependant à la vie des camps, d'où le chef de sa race sortit empereur, comme si c'était dans les camps seulement qu'il dût retrouver la consécration nouvelle de sa famille et de son nom;

Soldat de la cause des peuples, en Italie, où l'un

de ses oncles avait distribué des trônes et des principautés, où un autre avait porté une couronne, et où un autre encore avait été vice-roi ;

Dédaigneux de régner sur une terre qui n'était point la terre de la patrie ; et traversant en proscrit cette même patrie qui venait de s'affranchir, mais à qui l'on avait laissé oublier de le comprendre dans son bill d'affranchissement, et où il demandait, cependant, comme faveur suprême, un asile pour y payer l'impôt de l'or et du sang ;

Se jetant résolument deux fois, corps et biens, dans des entreprises hardies, dont, après coup, les terreurs rassurées des uns et les espérances déçues des autres se sont vengées par en médire ; mais dont on sait aujourd'hui que la première surtout s'est brisée seulement à cette chance unique qui déconcerte tous les calculs du génie et tous les efforts du courage et qui s'appelle l'INATTENDU ;

Représentant du vote de quatre millions de citoyens, et jugé comme si ce vote n'avait jamais rien constitué ;

Condamné à une prison perpétuelle, comme si la perpétuité était assurée à la honte des traités de 1815, qui ont fait déchoir du même coup sa famille et la France; et cependant, visité par les enseignements que Dieu envoie aux princes, marqués par lui pour quelque grand dessein ;

Dans son enfance, bercé entre deux trônes ; dans sa première jeunesse, livré aux consomptions et aux leçons de l'exil ; à 34 ans, prisonnier dans sa patrie, qu'il perdrait, hélas ! le jour où il cesserait de l'être, — le prince Napoléon-Louis Bonaparte réunit en lui, à cette heure, par transmission et de son chef propre, les grandeurs et les revers que la bonne et la mauvaise fortune de la France, se sont plu à déverser, en moins d'un demi siècle, sur cette grande dynastie impériale, que Napoléon a fondée, que la souveraineté du peuple a intrônisée, que la faction de l'étranger a proscrite, dont le rocher de Sainte-Hélène a dévoré la tige, la cour de Vienne le rameau, et dont, après l'exil, la prison de Ham se promet ce qui en reste.

Certes, la France est une nation bénie entre toutes les nations pour son amour intelligent et enthousiaste qu'elle met au cœur de ses plus nobles enfants, et pour son instinct à se jeter passionnément vers ceux en qui résonne le plus sa fibre populaire ! Mais parmi les hommes de nos jours, il en est peu qui ressentent plus vivement que le prince Napoléon cet amour ardent pour la France, et vers qui puissent plus attractivement aller les sympathies de l'intelligent instinct de son peuple.

Les *Fragments de mémoires* dans lesquels, en 1834, la reine Hortense a raconté sa fuite et ses terreurs à travers l'Italie en feu, où la mort venait de lui enlever la première moitié de ses joies et de son orgueil de mère, et à travers la France sa patrie qui lui refusait un asile pour y cacher la seconde moitié ; —les *lettres de Londres* écrites par un ami du prince, qui retracent si fidèlement les regrets de la patrie absente et le sentiment de la fierté nationale, que ne peuvent ni affaiblir, ni séduire les honorables sympathies de l'étranger ;—le livre des *Idées Napoléoniennes*, où est cimentée l'union intelligente et forte des deux principes de liberté et d'autorité ;—les *Proclamations de Strasbourg* où les souvenirs glorieux de l'Empire et les mécomptes de la Révolution de 1830, en appelent à l'exercice complet de la souveraineté nationale;—les nobles et simples paroles prononcées, en 1840, devant la Cour des Pairs, moins comme défense qu'à titre de manifeste ; — tous les actes, tous les écrits par lesquels la personnification « *d'un principe, d'une cause, d'une défaite,* » a été révélée à la France et au monde, disent bien haut que douleurs ou espérances de l'exil, combats pour la liberté, travaux de publiciste et de penseur, audace et abnégation de chef de parti, résignation et confiance de vaincu, toutes ces grandes et saintes choses qui s'appellent, à cette heure, le prince Napoléon, ont leur foyer vivant dans l'amour que ce prince porte à sa patrie, et dans le sentiment parfait de ce qu'exigent la liberté et la grandeur de la France.

Oh ! sans doute, aux époques positives, bien des gens ne veulent et ne savent trouver la cause des plus hautes actions que dans la surexcitation de passions superbes et bruyantes ; — tandis que le principe, au contraire, n'en réside bien souvent que dans une affection modeste, simple, vulgaire en quelque sorte, qui, logée d'ordinaire dans quelque recoin obscur du cœur, ne doit son expansion sublime qu'à une circonstance toute personnelle, mais qui, dès ce moment, ne dort plus et, par son activité dévorante, envahit et se subordonne les plus puissantes facultés de l'homme.

Or, pour qui sait les natures privilégiées qui pensent et agissent avec le cœur, il est impossible de ne pas reconnaître que ce sont les consomptions de l'exil, le besoin immense, infini de rentrer en France, d'y rester à toujours, — trône, tombe ou prison, qu'importe quand on se sent mourir du *mal du pays!* — qui, plus que tous les souvenirs de droit, de rang et de famille, ont précipité dans la triste fortune qui lui est faite, le prince qu'ont éprouvé, une à une, les douleurs qu'il raconte dans ces belles et lamentables pages sur l'exil :

L'EXIL.

« O vous que le bonheur a rendus égoïstes et qui n'avez jamais souffert les tourments de l'exil, vous croyez que c'est une peine légère que de priver les hommes de leur patrie ! Or, sachez-le, l'exil est un martyre continuel ; c'est la mort ! mais non la mort glorieuse et brillante de ceux qui succombent pour la patrie ; non la mort plus douce de ceux dont la vie s'éteint au milieu des charmes du foyer domestique ; mais une mort de consomption, lente et hideuse qui vous mine sourdement, et vous conduit sans bruit et sans effort à un tombeau désert.

« Dans l'exil, l'air qui vous entoure vous étouffe, et vous ne vivez que du souffle affaibli qui vient des rives lointaines de la terre natale.

« Étranger à vos compatriotes qui vous ont oublié ; sans cesse étranger parmi ceux avec lesquels vous vivez, vous êtes comme une plante transportée d'un climat lointain, qui végète faute d'un coin de terre où elle puisse prendre racine.

« L'exilé peut trouver sur la terre étrangère des âmes généreuses, des caractères élevés, qui s'efforceront d'être pour lui prévenants et affables ; mais l'amitié, cette harmonie des cœurs, il ne la rencontre nulle part, car elle ne repose que sur une communauté de sentiments et d'intérêts. Les prévenances mêmes dont il est l'objet, perdront beaucoup de leur charme à ses yeux, parce qu'elles auront toutes le cachet d'un service rendu..... être à l'égard d'un exilé comme envers tout le monde, n'est-ce pas un acte de courage ?

« Exilé, vrai paria des sociétés modernes, si tu ne veux pas avoir le cœur brisé à chaque instant, il faut, comme le dit Horace, que tu t'enveloppes dans ta vertu, et que la poitrine couverte d'un triple airain , tu sois inaccessible aux émotions qui t'assailliront à chaque pas que tu feras dans la vie !

« Ne te laisse jamais aller à un épanchement du cœur , à ces entraînements sympathiques qui tendraient à te rappeler au souvenir de tes compatriotes; ils viendraient, l'injure à la bouche, te demander de quel droit, toi, exilé ! tu oses venir exprimer une opinion sur les affaires de ton pays ; de quel droit tu oses pleurer ou te réjouir avec tes concitoyens !

« Si tu rencontres sur la terre étrangère un des tiens, c'est-à-dire un de ces hommes dont tous les antécédents se rattachent à ta famille, et avec lequel tu as passé les premières années de l'enfance, arrête l'élan qui te pousse vers lui, ne lui tends pas la main, car tu le verrais fuir avec précipitation.... Et il n'a pas tort, car ton contact semble porter la contagion ; ton baiser est comme le souffle du désert qui dessèche tout ce qu'il touche. Si l'on savait qu'il t'a parlé, on le priverait du pain qui fait vivre ses enfants ! C'est un crime aux yeux des grands du jour que d'être lié avec un exilé.

« Vois-tu dans le lointain ce drapeau aux couleurs si belles ? Entends-tu retentir ces chants guerriers ? Malheureux ! ne cours pas rejoindre tes frères ; fais-toi attacher comme Ulysse, au mât du vaisseau ; car si tu allais partager leurs dangers, ils te diraient : « Nous n'avons que faire de ton sang ! »

« Si une calamité publique afflige tes concitoyens, si l'on reçoit, pour soulager l'infortune, l'offrande du riche comme celle du pauvre, n'envoie pas le fruit de tes épargnes, car on te dirait : « Nous n'avons que faire de l'obole de l'exilé. »

« Prends garde à chaque pas que tu fais, à chaque mot que tu prononces, à chaque soupir qui s'échappe de ta poitrine; car il y a des gens payés pour dénaturer tes actions, pour défigurer tes paroles, pour donner un sens à tes soupirs !

« Si l'on te calomnie, ne réponds pas ; si l'on t'offense, garde le silence ; car les organes de la publlcité sont fermés pour toi ; ils n'accueillent pas les réclamations des hommes qui sont bannis. L'exilé doit être calomnié sans répondre, il doit souffrir sans se plaindre. La justice n'existe pas pour lui.

« Heureux ceux dont la vie s'écoule au milieu de leurs concitoyens, et qui, après avoir servi leur patrie avec gloire, meurent à côté du berceau qui les a vus naître. Mais malheur à ceux qui, ballotés par les flots de la fortune, sont condamnés à mener une vie errante, sans attraits, sans charme et sans but, et qui, après avoir été de trop partout, mourront sur la terre étrangère sans qu'un ami vienne pleurer sur leur tombe ! »

Nous sommes, hélas ! dans un siècle où les déchirements de la patrie amènent des retours si amers de fortune, et où les proscrits de la veille se font si cruellement les proscripteurs du lendemain, qu'il est peu de cœurs dans lesquels ces pages n'aient dû éveiller le ressentiment de douleurs anciennes ou présentes et quelques prévisions fâcheuses de l'avenir.

Aussi, faut-il ne se point s'étonner si, malgré les calomnies et les dérisions insultantes par lesquelles des vainqueurs sans dignité ont cherché à le ruiner et à l'amoindrir après sa défaite, le prince Napoléon excite encore dans les masses un sentiment indéterminé peut-être, mais à coup sûr réel, de bienveillance. La cause en est bien moins dans la popularité des souvenirs glorieux de l'Empire, que dans toutes ces effusions par lesquelles de maladroits persécuteurs l'ont forcé de révéler son patriotisme expansif et tendre. Oublieuses, absorbées qu'elles sont, dans la recherche de la satisfaction des intérêts matériels dont on leur fait des dieux, les nations peuvent bien se refroidir quelquefois pour la magie des souvenirs d'un passé qui ne flatte que les imaginaitions de leur orgueil; mais elles se laissent aisément prendre le cœur par les infortunes noblement supportées, et par les généreux sentiments qui se déploient sous leurs yeux.

Aux époques où des révolutions de tout genre bouleversent fréquemment les existences, c'est dans les sommités sociales, où ils sévissent davantage, que se développent les effets dissolvants de l'égoïsme qui fait d'un seul peuple cent peuples divers. Mais aussi, c'est dans les classes inférieures que survivent et se conservent, pour remonter de là vers le sommet social et le régénérer, le dévouement, l'abnégation, la courageuse fraternité, tous les sentiments qui font d'un peuple une seule et grande famille. C'est à cette fibre généreuse des classes inférieures que le prince Napoléon répond encore par tous les actes de sa vie d'exilé, de chef de parti et de captif.

N'est-ce point par les hommes du peuple que sont accomplies journellement ces actions sublimes qui disputent au naufrage, aux incendies, aux innombrables accidents qui déciment la vie humaine, toutes les victimes qui peuvent leur être arrachées? Dès-lors, comment n'y aurait-il pas sympathie entre les hommes du peuple et le prince Napoléon? Dans ces promenades d'exilé, aux environs du lac de Constance, ne s'est-il point lancé à travers les champs et les ravins pour arrêter d'une main vigoureuse, au risque d'être broyé, deux chevaux emportés, qui, sans rênes et sans conducteur, entraînaient vers un abîme la voiture, où, seule avec deux enfants, une mère éperdue n'avait plus qu'à recommander son âme à Dieu ?

L'homme du peuple, qui est si ingénieux et si hardi à braver l'oppression et à dérober les proscrits aux fureurs des partis et du pouvoir, pour qui donc aurait-il des sympathies, s'il les refusait au prince Napoléon? Aux mauvais jours qui suivirent la chute de l'Empire, le château d'Arenenberg ne devint-il pas un asile contre les proscriptions dont l'étranger avait dressé la liste, que grossirent bientôt les fautes et les inintelligentes rancunes du parti de l'émigration ? Et à l'époque de l'insurrection de la Romagne, qui opposait le nom des Bonaparte à l'influence de l'Autriche; au moment où, le cœur brisé par la mort de son frère, il partageait la défaite des jeunes patriotes de Bologne, le Prince n'oubliait-il pas à Ancône, avec sa courageuse mère, les soins de sa propre sûreté pour s'occuper du salut de ses braves compagnons d'armes? Quand il lui était déjà si difficile d'échapper tout seul à la police autrichienne qui le traquait sur toutes les routes et aux portes de toutes les cités, ne doubla-t-il pas les périls de sa fuite, en embarrassant sa fortune de celle du jeune marquis Zappi, l'un des chefs les plus compromis de l'insurrection italienne?

L'homme du peuple qui met si courageusement ses bras au service de sa foi politique, de quoi donc a-t-il eu toujours à se plaindre, sinon de l'habileté avec laquelle les hommes placés à la tête des partis lui dérobent sa part légitime après le succès, et de la lâcheté avec laquelle ils l'abandonnent après le revers? Et dès-lors, comment se défendrait-il des sympathies que doit inspirer le neveu de l'Empereur? Ne sait-il point qu'après les événements de Strasbourg, le prince Napoléon a protesté contre la violation faite en sa personne du principe de l'égalité devant la loi, et qu'il a réclamé de la justice du pays pour ses compagnons, qui n'étaient que les bras de son entreprise, le privilége dont l'arbitraire du pouvoir le couvrait, lui qui en était la tête? L'homme du peuple n'a-t-il pas compris tout ce qu'il y avait de courage et de loyauté dans un prince qui, n'ayant pu attirer sur lui seul les coups de fusil des gardes de Boulogne, fait de ses amis et de ses serviteurs, au risque de s'amoindrir lui-même aux yeux du vulgaire, des instruments aveugles ou trompés de son dessein, afin d'assumer sur lui seul la responsabilité de l'intention sans laquelle il n'y peut avoir crime? Et croyez-vous que de toutes parts les hommes du peuple n'aient point appris que le Prince, par cette noble, mais stérile abnégation, ne s'était point cru dégagé envers ceux qui souffrent la captivité pour la foi qu'ils avaient eue en lui.

Vers quelque parti que penchent la foi, les passions ou les intérêts des hommes en politique, ce sont là des faits dont leur raison et leur habileté tiennent compte, et qu'admire l'instinct honnête des masses.— Comme tout ce qui est loyal et brave, en effet, c'est un gage pour tous!

Il est des sentiments et des faits par lesquels le prince Napoléon répond encore, non plus seulement à la fibre généreuse d'une opinion, d'un parti, d'un peuple, mais aux principes de l'état social et chrétien, à l'humanité tout entière. Dans peu de cœurs les élans de la commisération et de la charité, qu'il tient de Dieu, de l'impératrice Joséphine, son aïeule, et de la reine Hortense, sa mère, occupent une plus grande place que dans le sien. La captivité de Ham semble, à cette heure, n'être pour lui qu'un moyen plus immédiat, plus incessant de sanctifier les débris de sa fortune, en les partageant avec les misères privées que la mauvaise organisation du travail amasse sur nos classes populaires.

Durant les trois jours que l'auteur de ce livre a passés dans la ville de Ham, il a recueilli, sans les rechercher, sur les miséricordieuses prodigalités de la modeste liste civile de l'illustre prisonnier, depuis deux ans, plus de détails touchants et cachés que n'en fournissent à l'enregistrement officiel de la publicité, durant un long règne, les subalternes courtisans de l'opulente liste civile de certains rois.

— « Depuis que le Prince est au milieu de nous comme une bénédiction du ciel, lui disait-on, les pauvres ont du bois, des chaussures, des vêtements de laine pour l'hiver, du pain quand chôme le travail, des paroles douces pour les tristesses de leur âme, des remèdes pour les souffrances de leur corps; et leurs enfants ont l'habit neuf et le cierge de cire blanche pour le jour de leur première communion. »

Ainsi, une heure au moins dans leur vie, les pauvres se seront assis, même avec les dehors extérieurs, au banquet de l'égalité chrétienne, auquel le Christ convie tous les petits enfants, ceux des pauvres comme ceux des riches.

Aussi, aux derniers jours de l'hiver de cette année, ce n'a point été un fait peu fécond en rapprochements pour les classes qui souffrent, que la simple, mais éloquente publicité donnée par les journaux indépendants au pieux emploi que, du fond de sa prison, le Prince fait de sa fortune,—en regard des dithyrambes par lesquels les journalistes de cour ont célébré les bals offerts à la nouvelle aristocratie du comptoir, par les émargeurs des dotations en numéraires qui, sous forme d'apanages, figurent au budget de la France!

Mais ce n'est encore là que la portion publique de la bienfaisance du prince Napoléon. Que serait-ce donc si l'on pouvait arracher le secret de ses bonnes œuvres à tous ceux qu'il a obligés et secourus, dans tous les lieux où il a traîné son exil, comme dans celui qu'il illustre par sa captivité? Que de faits apparaîtraient alors, éparpillés comme le sujet de cette anecdote naïve et touchante de la ville de Sens, que la reine Hortense raconte dans son voyage de France en 1831, et qui semble un feuillet échappé à la plume de Sterne, tant il y a de grâce et de sensibilité (1) ? Et que de vieux soldats, restes plus clair-semés chaque jour de notre Grande-Armée, reçoivent de lui, au nom de leur vieil Empereur, ce supplément de prix du sang, dont, pressurée chaque jour par des besoins et des hommes nouveaux, la France a oublié de payer l'arriéré ?

Mais, mon Dieu ! à quoi bon chercher à soulever un voile que la main pieuse qui donne retient plus fortement encore que la main reconnaissante qui reçoit. Ce que l'on ne peut connaître, ne le devine-t-on pas à l'atmosphère de sympathies et de curiosité affectueuse, si l'on peut parler ainsi, dont la population entière de Ham environne les rares visiteurs devant qui les portes du château ont la permission de s'ouvrir pour quelques heures. Quand ils se rendent à la prison du Prince, ils lisent clairement sur toutes les physionomies ces touchantes paroles : «Portez-lui nos sympathies et nos bénédictions. » Et quand ils en sortent, tous les regards cherchent sur leur visage la trace des impressions reçues;—comme si l'on espérait y trouver un reflet de l'âme et de la pensée du prisonnier ! Comme s'il suf-

(1) Voir les notes.

fisait de lui avoir parlé, de l'avoir approché, d'avoir été éclairé de son regard, pour mériter une part dans les doux sentiments qu'il inspire! Est-ce le prince avec tous les souvenirs que son nom rappelle? Est-ce le prisonnier avec son infortune? Est-ce l'homme avec son noble cœur, à qui s'adressent ainsi les plus généreuses émotions? Eh! qu'importe de le savoir en ce moment! Mais béni est devant Dieu et devant les nations, le prisonnier qui, prince, est aimé comme homme et qui, homme, est honoré comme prince.

A ceux donc qui, pour la première fois de leur vie, comme l'auteur de ce livre, vont se trouver en face du neveu de Napoléon, et qui n'en savent encore, comme lui, que ce qu'ils en ont pu apprendre par ses portraits, par ses biographies, par ses écrits, par ses actes politiques, et même par les insultes et les dédains que lui ont prodigués les subalternes du pouvoir et ceux de quelques partis ses inintelligents complices ;—à ceux-là, alors même qu'ils se seraient cuirassés contre la magie des souvenirs, il sera bien difficile de se soustraire complétement à la prévention favorable dont tout ce qui se voit et s'entend au dehors enlacera leur âme et leur intelligence.

Mais, après les hésitations de haute convenance, qui troublent toujours les premiers instants d'une pareille entrevue, et dont le Prince fait des instants inaperçus, tant il y a de franchise et de cordialité dans son accueil, on ne pourra, pas plus que l'auteur de ce livre, s'empêcher de céder à la fascination personnelle qu'exercent un regard bienveillant, doux et pourtant plein de feu, un front calme et pensif, un visage que la prison et l'exil ont empreint de leurs tristesses, une voix ferme et pénétrante, et un maintien à la fois simple et digne. On comprend alors tout ce que l'on a entendu dire, tout ce que l'on peut voir soi-même de cette fièvre de sympathies que le prince Napoléon communique, depuis sa première jeunesse, à ceux qui l'approchent. On s'explique aussi les précautions, souvent puériles et ridicules, auxquelles, pour en comprimer les élans, se livrent des pouvoirs ombrageux qui chancèlent sous l'impopularité de leurs hommes et de leurs actes.

On ne s'étonne plus, ni de la foi que mirent en ce noble et brave jeune homme les insurgés de la Romagne ; — ni des vives acclamations qui accueillirent le titre de citoyen de la République, dont le gouvernement helvétique paya ses *Considérations politiques et militaires sur la Suisse;* — ni des démonstrations fraternelles de ses compagnons d'armes du camp de Thoun, quand il fut promu au grade de capitaine d'artillerie dans le régiment de Berne ; — ni de l'offre faite par les Portugais, et par lui refusée, de la main de leur reine Dona Maria ; — ni des acclamations de la population de Strasbourg, où l'instinct du peuple ne put être trompé comme celui des soldats ; — ni de la courageuse persistance de la Suisse tout entière à le maintenir, contre les colères du gouvernement de France, dans l'intégrité des droits de la cordiale et indépendante hospitalité helvétique; — ni des témoignages de considération affectueuse dont l'entouraient le peuple et la haute aristocratie d'Angleterre ; — ni du brillant concours que prêtèrent à sa défense les membres les plus éminents du barreau ; — ni de la curiosité solliciteuse qui assiége les grilles du château de Ham, où la population n'apporte cependant que des vœux silencieux, des sourires et quelques fleurs, les jours où l'ombrageuse police permet au Prince d'apparaître un moment sur les remparts ; — ni du grotesque et niais empressement que le recteur de l'académie d'Amiens mit à prendre la poste, pour venir adresser une réprimande, plus niaise et plus bouffonne encore, aux maîtres des écoles de Ham, qui avaient *attenté à la sûreté de l'État*, en distribuant à leurs écoliers quelques médailles qu'ils avaient obtenues du Prince (1) ; — ni de la panique du pouvoir, qui, sur on ne sait quel bruit d'enlèvement comploté par les quarante mille ouvriers campés, en juin 1841, dans la plaine St-Denis, lança en toute hâte des escadrons et de l'artillerie sur la route de Ham, d'où, par peur du ridicule, il les rappela le lendemain de leur arrivée ; — ni de la défense faite aux officiers de la garnison de converser avec le Prince, et aux soldats de lui présenter les armes ou de s'arrêter pour le voir ; — ni du travail de badigeon imposé, chaque matin, aux gens de service, pour effacer sur les murs et dans les guérites les courtes inscriptions par lesquelles, durant la nuit, les soldats témoignent de leurs espérances et de leurs sympathies ; — ni des cadenas placés aux fenêtres de la caserne, qui donnent sur le revêtement de terre où le Prince cultive des fleurs et va chercher un rayon de soleil.

Mais, ce qui mieux que le prestige de son nom, mieux que l'infortune qui pèse sur sa courageuse jeunesse, mieux que le charme répandu sur toute sa

(1) Voir les notes.

personne, mieux que sa charité compatissante, fait du jeune prince Napoléon une rare et attractive individualité ; ce qui donne aussi le secret de la vénération et du dévouement qu'il inspire, c'est la pureté et l'énergie du *sens moral* qui s'est maintenu en lui, malgré ses mécomptes et ses revers.

Certes, nous sommes dans un temps où les déceptions et les espérances de l'égoïsme créent des nécessités de position avec lesquelles la conscience et les affections capitulent facilement ; — c'est donc l'honneur de la nature humaine; c'est donc le dernier chaînon qui lie les idées de dévouement aux idées de devoir, et qui leur garde leur caractère de sainteté en les empêchant de passer pour une dérision et une sottise, qu'un prince dont la parole a toute la valeur de la foi jurée, et pour qui l'affection et les services, en quelque fortune qu'il soit jeté, ne sont jamais un bagage embarrassant qu'il s'imagine pouvoir briser ou laisser en arrière. Son jugement porté, le dévouement une fois accepté, sa confiance et son estime accordées, les passions des subalternes qui s'agitent autour des grands et des princes, et qui se déciment par de folles épurations, ont beau faire auprès de lui; il semble que les sentiments qu'il s'est faits grandissent de tous les efforts tentés pour le mettre en défiance. La calomnie l'indigne, la médisance lui déplaît ; et si, par malheur et à son cœur défendant, il est impossible à sa raison de ne pas s'avouer que sa loyauté a été indignement trompée, il veut être seul à se faire cet aveu qu'il rejette dans le plus profond repli de son âme ; il souffre impatiemment que d'autres aillent l'y chercher pour s'en faire une arme ; il est ingénieux à s'en défendre et à rejeter les torts de l'homme sur les malheurs du temps et sur l'empire des circonstances.... C'est là peut-être le seul point sur lequel le prince Napoléon se montre rebelle aux rudes leçons de l'expérience. Quoique en ceci le Prince ait été fort peu épargné, même par des gens placés dans une position si haute, qu'il n'y saurait avoir, ailleurs que dans son cœur, ni excuse ni pardon, c'est une de ses maximes de penser et de dire : « *Je peux être trompé par ceux en qui j'ai cru reconnaître un loyal caractère; mais je préfère encore mes erreurs aux froids calculs de l'égoïsme.* »

Noble cœur ! dont l'inébranlable foi est si bien connue, que pas un murmure ne s'élève de la retraite, ni des prisons où ses amis et ses partisans expient leur dévouement ! C'est qu'ils savent que leurs souffrances leur sont comptées, et que ni le temps, ni les hommes, ni les revers, ni le succès surtout, n'en pourront altérer le mérite !

Heureux prince ! à qui Dieu, — avant de lui donner le pouvoir de faire beaucoup et d'illustres ingrats, — a envoyé ce qu'il n'accorde même pas toujours, pour consolation suprême, aux chutes profondes qui suivent les élévations les plus hautes... des courtisans assidus de son infortune.

Trois personnes, entre bien d'autres qui envient cet honneur, partagent en ce moment la captivité du Prince. Le général Montholon et le docteur Conneau y subissent l'arrêt de la Cour des Pairs ; et, repoussant le bénéfice de l'acquittement, dont cet arrêt l'avait frappé, Charles Thélin s'est volontairement et, en fidèle serviteur, constitué le compagnon de la captivité de son maître.

Qui ne sait et ne peut apprécier aujourd'hui la carrière politique de M. le général Montholon ? Nous n'avons donc rien à en dire. Mais dans cette histoire de Ham, si féconde en jeux étranges de la fortune, ce n'est pas une des moindres bizarreries de la fatalité, dont nous avons eu à constater les retours et les enseignements, que celle qui, après avoir envoyé le général Montholon pour compagnon à la captivité de l'Empereur, à Sainte-Hélène, l'envoie encore, au même titre, à la captivité du neveu et de l'héritier du même empereur, sur le sol de la France. Ainsi, M. de Montholon lui seul, à vingt années de distance, aura touché au tronc et au dernier rameau de la race Napoléonienne.

Le docteur Conneau est un homme jeune encore qui, depuis vingt ans, est complétement dévoué à la famille du prince Napoléon. D'abord secrétaire du père, le vénérable roi Louis; ensuite ami du frère, de ce bon, de ce courageux, de ce savant Napoléon, si vite et si cruellement enlevé à l'amour des siens, en plein effort de la liberté italique; en dernier lieu, prodigue de ses soins, comme savant et ami, envers la reine Hortense; aujourd'hui, le docteur Conneau réunit sur la tête du fils et du frère tout ce qu'il avait consacré de dévouement et d'affection au père, au frère et à la mère.

Simple, modeste et brave, né pour vivre dans le silence, dans l'observation et l'obscurité, en un petit coin où il pourrait se délasser de l'étude dans quelque naïve passion de savant; mais semblable au coursier de Job, à qui le Seigneur dit : « Allons ! » Quand le Prince lui dit : Va ! le Docteur quitte ses livres, son repos, ses chères et innocentes amours; il se jette bravement dans la bagarre; il endosse le sac, prend le fusil, se fait soldat du drapeau qu'il a brodé lui-même et distributeur des proclamations dont il s'est improvisé l'imprimeur; il reste ferme et droit devant le feu de file, comme s'il n'avait jamais fait d'autre métier ; comme si les coups tirés à ceinture d'homme ne devaient point le frapper à la tête, lui, dont la taille ne se peut mesurer que de la tête au cœur! Devant ses juges, l'ambitieux! il se fait le plus qu'il peut une complicité entière, afin d'atteindre au sort qui menace l'auteur principal. Condamné à être libre avant le Prince, il ne saura que faire de sa liberté ; — corps à qui l'âme aura été enlevée, et qui, chaque jour, poussé par l'instinct de vivre, reviendra la redemander aux murailles qui la lui auront ravie.

Charles Thélin, depuis son enfance, s'honore du titre et des fonctions de valet de chambre du Prince ; le Prince l'élève à lui par le titre d'ami ; les amis du prince l'aiment et l'honorent, et la reine Hortense en a reconnu dignement et noblement les services, lorsqu'en mourant elle exprima le désir que Charles Thélin restât toujours auprès du prince, son fils. Charles Thélin a fait du vœu de la royale et pieuse mère le premier devoir de sa vie, comme c'était le premier besoin de son cœur.

Prince, ami, serviteur! entre lesquels depuis tant d'années et de fortunes diverses, mais toujours contraires, se perpétue un échange, toujours égal et de tous les instants, d'attachement et de bonté d'une part, et d'abnégation, d'amour et de respect de l'autre! Heureux entre tous, en vérité! car le cœur de l'homme et la pensée du moraliste ne sauraient dire quel est le plus digne d'admiration et d'envie, ou de l'homme et du prince qui inspirent de pareils sentiments, ou de l'ami et du serviteur qui les éprouvent.

Ce livre ne veut pas être et n'est point un manifeste, ni un pamphlet politique. Mais il ferait brusquement défaut à la synthèse de sa construction, si, après avoir jusqu'ici rattaché aux hommes et aux faits de l'histoire générale du pays, les faits et les hommes particuliers de l'histoire de Ham, il isolait le prince Napoléon du mouvement intellectuel qui éclate dans notre époque. Il laisserait tronquées, calomniées ou incomprises, les causes même de la fortune actuelle de ce prince, à qui la captivité n'est venue que pour la part qu'il a voulu prendre à ce vaste mouvement d'intelligences et d'investigations, qui nous emporte.

En effet, ce n'est précisément ni pour son nom,

ni pour les souvenirs glorieux qu'il rappelle, ni pour son courage, ni pour la bonté de son âme, ni pour l'élévation de son caractère, ni pour l'élégante et cordiale simplicité de ses manières, ni pour rien de ce que nous venons de décrire, que le Prince a été condamné à une prison perpétuelle dans une forteresse du continent. Ces nobles et saintes choses peuvent bien être des fautes et des travers irrémissibles, dans le monde positif qui domine aujourd'hui, mais elles ne sont passibles que de l'indifférence, de l'ingratitude, de la calomnie, et des railleuses insultes des beaux esprits de l'égoïsme, de l'orgueil et du fait accompli. La loi pénale ne les a point encore prévues.

Ce n'est point non plus, parce que,—oublieux des mécomptes dont est pleine l'histoire des prétendants; comptant un peu trop sans l'*imprévu*, ce pauvre Dieu des révolutions modernes; et confiant aussi un peu trop dans l'enthousiasme, cette passion éteinte sous le positivisme des intérêts, — le prince Napoléon s'est présenté deux fois aux frontières escorté de quelques braves compagnons. Non, non. Un pouvoir, assis sur deux ou trois millions de police secrète, sur quatre cent mille baïonnettes et sur des intérêts qui, *par maxime*, eux aussi, en veulent au passé qu'ils ont trahi, ne verrait pas un terrible danger dans cet anachronisme vivant qui, en un temps où les masses veulent qu'on prenne la peine de compter avec elles longuement et catégoriquement, aurait cru, malgré un premier échec, que, pour être adopté par elles, il lui suffirait d'apparaître sur son cheval de bataille, précédé d'une proclamation de quelques lignes, comme aux jours où il n'y avait d'autre publicité que celle des bulletins de victoire.

Si le prince Napoléon-Louis Bonaparte est enfermé dans cet édifice carré, flanqué de quatre tours, dont les murailles ont cinquante pieds de hauteur et qui s'appelle le fort de Ham ;

S'il est gardé par une garnison de quatre cents hommes,—Alsaciens le plus qu'on peut, parce que si leur cœur est français, le pouvoir pense que leur langage et leurs oreilles le sont moins ;

Si, nuit et jour, six sentinelles sont préposées intérieurement à la garde à vue de la personne du Prince, sans compter trois postes chargés d'empêcher les passants et les promeneurs de stationner sur les berges du canal de Saint-Quentin, qui environne le fort de ses eaux ;

Si sur l'étroit espace de terre adossé aux remparts, où il cultive des fleurs dans une longueur d'environ quarante mètres, le Prince ne peut faire un pas sans être suivi de deux gardiens;

Si la prison, elle-même, est formée par un mesquin et petit pavillon, mal bâti, bas, humide, séparé à peine, par une ruelle de quelques pieds, des parapets de l'enceinte qui lui masquent l'air et le jour dans toute sa hauteur;

Si l'appartement du Prince est dans un délabrement complet, qui prouve que les maréchaux-des-logis de la monarchie de 1830 en sont encore à l'ébahissement des pamphlétaires anglais, quand ceux-ci inventoriaient les objets de toilette « *d'un homme comme il faut* », trouvés dans la voiture de Napoléon, après la bataille de Waterloo;

Si, durant tout un hiver, les portes et les fenêtres ont livré un passage facile à toutes les intempéries, qui venaient lutter avec le feu brûlant dans l'âtre;

Si M. de Rémusat, ministre de l'intérieur, fils d'un ancien chambellan comte de l'Empire, s'est oublié jusqu'à ouvrir un crédit de 600 fr. au commandant du fort, pour fournir de tous les objets les plus indispensables, et pour rendre habitable une prison qui manquait de meubles, de linge, même de portes et de fenêtres, et où doit languir et mourir le neveu de Napoléon ; — le fils de cette bonne reine Hortense qui, en 1815, avait obtenu de l'Empereur que la mère de Louis-Philippe actuellement régnant, sous lequel M. de Rémusat était ministre, non-seulement ne serait point forcée de quitter la France, mais qu'elle recevrait une pension annuelle de 400,000 fr. (1);

Si le Prince, comme le proscrit de Sainte-Hélène, a été obligé, il y a un an, de faire connaître au public, par une protestation énergique et digne, toutes les vexations auxquelles il était en butte.

Si la position du neveu de l'Empereur, au fort de Ham, est telle que le général Montholon, — trop bon juge, hélas ! en pareille matière, — a pu écrire cette phrase : « La chose qui, comme fran-« çais, me nâvre le plus, c'est de penser que l'Em-« pereur, à Sainte-Hélène, était moins mal traité « par les Anglais, que son neveu ne l'est, en « France, par des Français ; »

Si, tout vaincu, tout prisonnier, tout gardé à vue qu'il est, le prince Napoléon est encore un danger, devant lequel l'intérêt dynastique, monté à l'importance de la raison d'État, fait taire les plus simples élans de la mémoire du cœur ; —c'est que le prince

(1) Voir les notes.

Napoléon-Louis Bonaparte, dans l'exil, sur un cheval de bataille, ou dans la captivité, n'est point seulement un homme, un prince... Il est le représentant d'un principe.

Dès lors, ce n'est plus seulement aux sympathies du cœur, et à l'exaltation légitime de l'orgueil national que le prince Napoléon s'adresse par son nom et par les qualités de son cœur. En des temps où la politique sentimentale a fort peu d'influence sur les affaires du pays, ce sont là des présents bénis du ciel, dont les maîtres de la terre pensent que l'exhibition peut être faite à la foule sans qu'ils en aient à tirer grand souci. — Mais quand un homme représente un principe, il s'adresse surtout aux intelligences; or, dans les temps où une nation, livrée à tous les doutes, est travaillée par l'activité inquiète des penseurs qui cherchent où poser enfin les assises d'une société que, depuis un demi-siècle, bouleversent des révolutions presque décennales, c'est à l'intelligence que revient la plus grande part d'action sur la marche de la civilisation. Ce ne peut donc pas être un mince sujet d'effroi qu'un prince qui, par sa noblesse de cœur, s'adresse déjà, comme homme, à tous les nobles cœurs, et qui, par l'idée qu'il porte en lui et qu'il répand, s'adresse encore, comme penseur, à toutes les intelligences!

En réalité, c'est là aux yeux du pouvoir le crime le plus vrai du prisonnier de Ham.

Enfant de cette génération, qui fut jetée à la hâte entre les gloires et les désastres de l'Empire, et dont, dans son intelligente prévision, l'Empereur disait à Sainte-Hélène : « *Quelle jeunesse je laisserai après moi!* »—le prince Napoléon, aux premiers temps de son exil, ne savait, comme elle, des grandes choses de l'Empire que la portion matérielle qu'en montrait la gloire, à travers la fumée du canon des victoires.—C'est que la pensée et l'œuvre régénératrice des génies civilisateurs que Dieu envoie au monde, sont peut-être comme les grands monuments destinés à traverser les siècles : elles ont besoin d'être vues à distance, et d'avoir l'autorité de la tombe.

Aussi, quand le bruit des batailles eut cessé; lorsque du haut du rocher de Sainte-Hélène, qui lui fut donné pour sa transfiguration avant de remonter à Dieu, Napoléon eut légué aux races de l'avenir la pensée civilisatrice qu'il portait en lui, et dont ses champs de bataille n'avaient été, eux-mêmes, que le terrain préparé pour en recevoir la semence féconde;—alors, le prince Napoléon ouvrit son âme et son intelligence aux révélations de ce nouvel évangile qui embrassait tous les éléments de la sociabilité moderne, et qui consacrait tous les efforts antérieurs de la liberté et de la raison humaine.

Durant les longues années de son exil ; alors que rejetée hors des voies démocratiques de sa révolution et de sa nationalité, la France était livrée à l'impuissance constitutive des essais informes dont l'effort populaire de 1830 a été une éclatante réprobation,—le prince Napoléon coordonnait, en corps de doctrine, tous les principes de l'ère pacifique et civilisatrice qui devait succéder à l'ère des conquêtes et des victoires. Il recherchait, pour le vivifier, le germedes idées de progrès, répandu dans la majeure partie des lois et des décrets de l'Empire, et que s'efforçait de vicier ou de nier ce qui restait de l'esprit ancien, luttant pour dompter ou s'assimiler ce qui apparaissait de l'esprit nouveau.

Après les journées de 1830, le Prince comprit bientôt que la lutte de compression violente, dont une résistance violente venait d'avoir raison, allait être continuée sous la même forme, seulement avec des moyens plus habiles et plus voilés pour la foule. La France révolutionnaire lui sembla ramenée dans l'ornière d'où elle venait de sortir, et sous le joug qu'elle venait de briser. Il reconnut qu'entre un passé dont le pays ne veut pas, et un avenir dont le pouvoir s'épouvante, le présent n'allait plus se composer que de deux impuissances égales de pensée et d'exécution :— l'une bégayant, en se couchant dans sa tombe, et l'autre, en se dressant dans son berceau. Il pensa donc que l'heure était venue de faire briller, entre ces deux nuits de vieillard et d'enfant, les derniers rayons du génie civilisateur qui avait disparu la veille.

Alors fut publié le livre des *Idées Napoléoniennes*.

L'apparition de ce livre fut un événement dans le monde politique des penseurs et de la diplomatie. Le problème tant cherché du seul gouvernement qui convient à la France, y sembla résolu par l'alliance également balancée des principes d'autorité et de liberté, et des idées d'ordre unies aux sentiments populaires.

« Depuis la chute de Napoléon, disait à ce sujet un ministre influent de la Grande-Bretagne, la France est partagée en deux camps hostiles. D'un côté, des hommes d'ordre et d'autorité sans doute, mais qui n'ont pas les sentiments des masses, et qui, par conséquent, ne peuvent en obtenir la confiance ; et d'un autre côté, des hommes populaires, il est vrai, mais dont les idées de liberté, mal conçues, sont incompatibles avec l'autorité, et qui n'entendent rien au gouvernement.

« L'auteur des *Idées Napoléoniennes* prend une position toute nouvelle, en faisant ressortir des principes de liberté une grande idée d'ordre et d'autorité. »

C'était là une intelligente et loyale appréciation des idées de l'Empereur, et de l'application que le prince Napoléon en offrait à la France.

Par l'avénement de l'homme, qui en fut la première personnification, au trône où le portèrent les votes de quatre millions de citoyens, l'Idée Napoléonienne, en effet, a été le symbole le plus clairement exprimé du triomphe de la démocratie moderne, et l'application la plus large connue du principe de la souveraineté nationale.

Par l'établissement sincère de la hiérarchie du mérite individuel, elle a été l'expression la plus avancée du principe de l'égalité sociale et politique.

Par la centralisation des forces et du concours de tous les intérêts vers un but commun, la patrie! elle a été la sanction le plus vraie du principe de l'unité nationale.

Par la puissance légitime qu'elle tenait de la délégation populaire, elle a été la base la plus rationnelle du principe d'autorité.

Par son action régulatrice et incessante dans toutes les branches des pouvoirs publics, dont la légitimité d'action participait de la légitimité de la sienne, elle a été la consécration la plus énergique du principe d'ordre.

Par son système continental et protecteur, elle a été l'élément, coercitif et bienveillant à la fois, des premiers efforts du principe industriel de la France; elle a ouvert les voies à une organisation nouvelle du travail, seule stabilité possible d'une démocratie; elle a préparé l'abaissement et la ruine de l'Angleterre, qui, trouvant enfin la concurrence sur les marchés de l'Europe, a été contrainte de se répandre dans des mondes lointains où elle se disperse et s'affaiblit.

Par la reconstitution de l'Université, elle a fondé sur un intelligent esprit de patriotisme, le principe de l'unité dans l'enseignement national; par le rétablissement des cultes, et par la part d'action légale qui leur fut dévolue dans les éléments de la sociabilité, elle porta hautement témoignage, et à l'excellence du principe chrétien dans l'État, et à l'indépendance de la conscience humaine tout ensemble.

Par le fonctionnement simultané de tous les principes, dont elle était le produit ou l'expression, elle avait posé les assises les plus larges pour le développement successif de toutes les libertés.

Enfin, par son expansion, à l'extérieur, de la civilisation moderne triomphante, semence glorieuse et féconde jetée sur toutes les nations et sur tous les trônes, elle fit du principe de la prépondérance de la France un principe européen.

Depuis que cette idée a cessé d'être, au contraire, le verbe et l'action des conquêtes faites par l'esprit nouveau sur l'esprit ancien, —

Le principe démocratique a été arrêté dans ses développements naturels, et vicié dans ses plus logiques applications ;

Le principe de la souveraineté populaire a été nié d'abord, et faussé ensuite ;

Le principe de l'égalité politique, fondée sur la hiérarchie du mérite, a été corrompu par la division de la nation en classes qui possèdent et en classes qui ne possèdent pas ; — au privilége de naissance a été substitué le privilége de fortune, non moins absurde, non moins aveugle, car, presque toujours le premier perpétue le second ;

Le principe de l'unité nationale a été altéré par la lutte que les pouvoirs ont laissé s'établir entre les prétentions d'intérêts opposés, sur tous les points du territoire, et dans toutes les branches du travail et de la production;

Le principe d'autorité a été amoindri, affaibli par la ruine et l'altération des seules bases qui faisaient sa légitimité : la foi et la raison! Il a perdu la sanction de la foi, parce que le droit divin a fait son temps. Il a perdu la sanction de la raison, parce que le droit de la souveraineté nationale n'a plus été exercé en toute plénitude et liberté.—La société sera donc à l'encan jusqu'au retour du droit d'autorité, quel qu'il soit, divin ou populaire;

Le principe d'ordre a été ruiné, à son tour, de tout ce qui a manqué au principe d'autorité dont il émane.—Quand la sève est desséchée au tronc et aux racines, la vie se retire des branches, et le moindre coup de vent les brise et les emporte.

Le principe de liberté a été resserré de plus en plus; ouvertement, d'abord, par la violence et l'arbitraire, hypocritement, ensuite, par la corruption et les lois faussées. Sans nul souci de l'avenir il a été réduit aux proportions d'ordres de choses, auxquels manquaient à la fois tous les principes qui constituent la puissance.—La force seule peut vivre avec la liberté; et la tanière des renards ne saurait servir d'antre aux lions.

Le principe de l'unité dans l'enseignement national, a été méconnu par une Université livrée à toutes les théories de l'esprit d'individualisme, sans principes fixes, sans base morale, et sans base politique. Et l'Église a tendu à cesser d'être dans l'État un élément national de socialisme ;

Le principe sauveur de l'organisation du travail dans ses trois éléments, l'intelligence, les bras et les capitaux, est allé se perdre dans l'expansion désordonnée d'un industrialisme cupide, et porter, avec l'irritation et la misère, le germe d'une révolution sociale au sein des classes populaires, dont le bien-être matériel et moral n'est pas en raison directe du développement du travail et de la production ;

Enfin, le principe de l'influence prépondérante des idées françaises sur la marche de la civilisation européenne, a été tellement abaissé, que nous n'en sommes plus qu'à disputer du choix de l'influence étrangère qui doit agir sur nous. Nous avons oublié, nous raillons ceux qui se souviennent, que naguère nous disions : « Le monde c'est l'Europe, l'Europe c'est la France ! »

Pour l'action immédiate que le livre des *Idées Napoléoniennes* eût pu exercer, son malheur fut de paraître dans un moment où les partis étaient livrés à toute l'ardeur de leur lutte contre les fautes du pouvoir, et aux espérances de leur succès prochain. La lassitude et les déceptions n'étaient point encore venues mater l'orgueil de leur individualisme, comme hommes, ni leur apporter la conviction de leur impuissance constitutive comme principe. Ils n'y virent donc qu'un antagonisme de plus; mais de tous le plus dangereux, car devant lui la lutte pouvait loyalement cesser : il apportait à chacun d'eux le principe pour lequel, précisément, chacun d'eux était en guerre, — la liberté, l'ordre et l'autorité.

Malgré son expansion dans toutes les langues de l'Europe, ce livre eut encore un défaut; mais ce défaut tenait au génie particulier de son auteur.

Esprit net, lucide, ferme et droit, comme tous les esprits qui voient de haut, loin et vite; façonné à la forme synthétique que donne l'étude des sciences exactes, le prince Napoléon rend sa pensée avec clarté, précision et brièveté, en autant d'idées que de mots,—dédaigneux de montrer l'inconnue d'où elle s'est dégagée et les points intermédiaires qui l'ont jalonnée. C'est un boulet de canon qui frappe avant qu'on sache d'où il est lancé, ni quelle route il a suivie. Le but a-t-il été atteint ? La pensée est-elle rendue? est-elle claire? est-elle courte ? est-elle vraie? le Prince n'en veut pas davantage, et il passe à une autre. — Il y a là quelque chose du génie de Napoléon et du moule d'où jaillissait sa pensée.

Sans doute, cela suffit aussi à l'élite des penseurs qui, par le connu, remontent facilement à l'inconnu , et souvent, par les mêmes routes. Mais pour la vulgarisation des idées, c'est-à-dire pour leur diffusion compréhensible dans la foule, il faut autre chose. La foule a besoin qu'avant de lui montrer le quotient d'une idée, on lui fasse toucher au doigt et à l'œil, comme dans une addition, l'opération de chiffres dont ce quotient est le dernier mot et le résumé. Elle veut qu'on aille au-devant des doutes, ou des objections quelles qu'elles soient, fantasques, illogiques ou de mauvaise foi. Si elles viennent d'elle même, elle veut être vaincue; si elles viennent des autres, elle veut avoir de quoi les vaincre.

En notre temps de recherches et d'exhibitions de tous les principes développés, qui peuvent servir à constituer fortement un état politique et social, dont la démocratie moderne est la base, il y aurait donc à faire un beau travail;—travail utile à la France de nos jours et à la France de l'avenir. Ce serait celui que ferait un publiciste qui, le testament politique de Sainte-Hélène d'une main, et, de l'autre, le livre des *Idées Napoléoniennes*, son puissant codicille, mettrait en ordre, sous chacune des questions et chacun des faits qui s'agitent et se produisent de nos jours dans la société et dans le gouvernement, les faits et les principes par lesquels la pensée de Napoléon y a répondu, ou les éléments dont, pour être développé en temps opportun, l'Empereur avait déposé le germe dans les institutions qu'il avait fondées. C'est alors que, plaçant ce travail, écho et reflet de la pensée civilisatrice de Napoléon, en regard des faits qui s'accomplissent chaque jour, le Peuple Français saurait tout ce qu'après l'affermissement du principe d'autorité, après la conquête d'une ère de paix, il y avait de national, de progressif et de grand dans la pensée Napoléonienne pour la réalisation des principes démocratiques. La France saurait aussi tout ce que, pour répondre aux intérêts de notre société moderne, il y a d'intelligent, d'honnête et de libéral dans la pensée du Prince qu'échauffe et illumine la pensée du grand empereur qui, les yeux tournés vers la France, dont les souvenirs lui remplissaient le cœur, disait avant de mourir : « *Je ne suis pas seulement*, *comme on l'a dit*, *l'empereur des soldats*, *je suis celui des paysans*, *des plébéiens de la France*, » et qui, dans ses rêves de la paix obtenue et du repos conquis, faisant entrer le projet de voyages annuels à travers la France, disait : « C'est là que j'eusse pu, dans chaque lieu, prévenir les fraudes, châtier les dilapidateurs, ordonner des édifices, des ponts, des chemins, dessécher les marais, fertiliser les terres. Si le ciel, alors, m'eût accordé quelques années, assurément j'aurais fait de Paris la capitale de l'univers, et de toute la France un véritable roman. »

Mais ce travail de l'application de l'*Idée Napoléonienne* aux faits et aux besoins du pays, que le prince Napoléon n'a point fait dans son livre, il le fait dans ses conversations. Pour celui qui écrit ces pages, les quelques heures qu'il lui a été donné de passer dans la prison de Ham n'ont pas été autre chose, de la part du Prince, que le développement large et rapide, appliqué aux hommes et aux choses actuelles, de cette belle et féconde table de prolégomènes politiques et sociaux, qui s'appelle le livre des *Idées Napoléoniennes*.

Sans doute, le premier jet de la pensée du Prince dans la conversation, ressemble à celui qui caractérise tous ses écrits : — ses *Considérations militaires et politiques sur la Suisse,* ses *Rêveries politiques,* son *Manuel d'artillerie*, ses *Considérations sur l'armée*, et surtout ses *Fragments historiques sur les révolutions de* 1688 *et* 1830 ; aussi est-on en droit de croire que la pensée écrite du Prince n'est autre que sa pensée parlée, — couchée sur le papier.

Mais dans la conversation, sa pensée, échauffée par la résistance et les objections, se détend, prend de l'ampleur et s'appuie volontiers sur l'argumentation et sur les preuves. L'ensemble de l'édifice Napoléonien se subdivise dans toutes ses parties et apparaît dans ses détails. L'esprit vif et prime-sautier se met de la partie ; le trait arrive, et le pittoresque du mot n'est point dédaigné pour compléter et imager une pensée. C'est alors un panorama où l'on sent vivre, tels qu'ils sont et tels qu'ils devraient être, le gouvernement, la liberté, l'ordre, le travail, la marine, l'armée, l'administration, les finances, l'instruction, l'agriculture, l'industrie, le commerce, les travaux publics, la religion, la richesse, le paupérisme, — les hommes qui perdent les intérêts de la patrie, dans la honteuse espérance de sauver les intérêts de leur égoïsme, et les hommes qui, ayant au cœur l'amour seul du pays, se dévouent, luttent et meurent pour sa gloire et son indépendance ! C'est la patrie, c'est la société tout entière, qui se trouvent embrassées par une intelligence vaste, et aimées par un cœur chaud, où ont facilement accès les sentiments élevés et tendres dont peut être enveloppé tout ce qui vit, pense, souffre ou espère en ce monde.

Sans doute, malgré le charme sous l'empire duquel on se sent retenu, on peut bien n'être point également convaincu de l'excellence de toutes les parties de ce grand édifice ; sans doute on reconnaît que l'illusion, cette riante fleur de la jeunesse de l'esprit et du cœur, vient bien encore quelquefois jeter son voile et ses parfums sur les importunités de la raison ; sans doute la science des faits et des hommes paraît encore rebelle aux leçons de l'expérience acquise, et l'on se surprendra peut-être à déplorer amèrement qu'un aussi loyal et affectueux jeune homme ait été si longtemps harcelé et compromis par de prétendus partisans d'une position sociale équivoque, et dont il ignorait souvent même les noms : — tourbe d'indiscrets ou de vantards qui traînent dans les salons, dans les couloirs et dans les ministères les fausses confidences de leurs imaginations ; — fournisseurs inintelligents ou perfides d'entreprises de tout genre, au-devant desquelles, au dernier moment, s'entassent les fatalités arrangées qui les font échouer;—raccoleurs mensongers d'épées douteuses qui restent dans le fourreau, ou de langues et de plumes éloquentes qui ne disent mot;—moucherons du coche qui veulent mettre la langue, la main et le conseil à tout, et qui traînent dans les toiles de toutes les polices l'impuissance de leurs intrigues, et la niaiserie de leurs projets, que cependant ils se promettent d'escompter fort cher; — amortisseurs en revanche de tous les nobles élans, de toutes les belles et grandes idées, et qui prétendent résumer et abaisser à leurs bruyantes individualités tout le parti des *Idées Napoléoniennes,* si nombreux, si répandu, si honnête, attendant comme les premiers chrétiens, loin des Césars et des idoles, que le jour du Seigneur se lève, ou qu'une voix amie leur vienne dignement parler de leur foi; — subalternes cupides, de toute condition et état, qui, ouvrant de grands yeux en se racontant les uns aux autres l'immense fortune que doit un jour recueillir le Prince, montent la garde autour de lui et font feu de toutes les calomnies à la fois pour repousser les gens de cœur et d'intelligence honnête, qui dédaignent de passer, pour arriver à lui, par ce cercle de fatalités et d'intrigues, dans lequel on s'efforce de l'empêtrer et de lui faire une captivité plus dure que celle même du fort de Ham... ; —

Oui, sans doute, toutes ces choses peuvent, un temps, avoir été ainsi ;

Mais quoi? n'est-ce point la loi commune que subissent tous les princes frappés de proscription, d'exil ou de captivité? — Hélas! ils ont tant besoin de se sentir aimés, qu'ils croient toujours à la loyauté, au dévouement et à l'affection des gens qui vont à eux.

Mais quoi, encore? levez donc les yeux, et lisez cette phrase, que le prince a écrite lui-même sur les murs de sa chambre : « POUR LES PEUPLES, COMME POUR LES INDIVIDUS, LA SOUFFRANCE N'EST POINT TOUJOURS PERDUE... » (1), et vous vous direz alors que les dernières illusions du cœur et de l'esprit ne vont pas tarder à se dessécher et à mourir en ce noble prisonnier; et qu'assez tôt, l'expérience viendra lui faire mesurer à leur juste valeur les hommes et les choses.

Vous aurez aussi le secret de ce qu'il y a d'intelligent et de digne dans la résignation de ce vaillant prince, qui, dans la captivité, dans la privation vo-

(1) M. GUIZOT, *Histoire de France*, page 373.

lontaire qu'il s'est imposée des plus beaux dons de Dieu, ne voit qu'un moyen de vivre sur la terre de la patrie, de devenir plus digne d'elle par la souffrance, et d'acheter, à ce prix, ce qui manque à sa science des hommes et des événements.

Oh! alors, quelque belle résolution qu'on ait prise, quelque chaleur de cœur que les révolutions et leurs mécomptes aient tuée dans les hommes de notre temps, on se surprendra bientôt à ne plus voir dans le loyal et intelligent jeune homme qui est là debout, le front pensif, la voix émue, le cœur plein et ouvert, que le dernier héritier du nom de Napoléon et l'unique continuateur de sa race et de sa pensée. Il faudra bien céder aussi à la magie des souvenirs, et on verra se dresser devant soi toutes les magnificences du Consulat et de l'Empire,—législation, retour à l'ordre, exaltation des sentiments de l'homme, du chrétien et du patriote, toutes ces choses, toutes ces idées qui firent la France si glorieuse et si forte, toutes ces belles et triomphantes armées qui portaient dans les plis de leur drapeau l'idée française qu'elles secouaient sur toutes les vieilles nations de l'Europe. Apparaîtra, enfin, la sublime agonie de Sainte-Hélène, révélation des pensées de la civilisation apportée aux sociétés modernes ! Oh ! alors, un frisson vous courra sur les chairs, comme si vous veniez d'entendre au-dessus de votre tête le bruit des ailes de l'aigle qui, à peine élancé de Sainte-Hélène et de Schœnbrunn, fatigue aujourd'hui et brise ses ailes aux murs étroits de la prison de Ham.

Ici, en 1842, s'arrête l'histoire particulière de la ville et du château de Ham; mais elle n'est point finie. Si Dieu, lui faisant un avenir semblable à son passé, la rattache encore à l'histoire générale du pays, elle aura un dernier chapitre.

Que sera-t-il ? Dieu seul le sait.

Mais, dans un temps comme le nôtre, tout est possible en France.

NOTES.

NOTES.

(1) Page 44.

L'accord passé par le châtelain Jean III, en 1355, est scellé sur peau de parchemin du sceau de ce seigneur, en cire verte, d'un écusson *chargé de trois croissants*. On y trouve les signatures suivantes :

Jean Corton, *maire*.

Compagnons du maire assurés : Thomas le Barbier, Oudard de Chiverny, Jean Levasseur, Jean de Boulogne, Pierre Levasseur, Pierre le Gay, Jean Mautel, Louis Jaquemart, Corni, Jaquemart, Béquert, Robert Bernard.

Mayeurs des enseignes : Jaquemart Pasque, Jean le Carlier, Bertrand Rolleur, Jean Mallet, Viard Bataille, *clerc de la ville*. Jean Thiébaut, dit Paticher, *clerc de droit*.

(2) Page 47.

Bref du pape Alexandre III.

« Alexandre, évêque, serviteur des serviteurs, à notre cher « fils Drogon, chanoine de Ham, salut et bénédiction apos- « tolique. »

« Notre très cher fils en J.-C., l'illustre roi des Français, notre « vénérable frère, l'archevêque de Rheims, et l'illustre comte de « Flandres, nous ont prié pour vous, avec assez d'instance, par « leurs lettres comme avait déjà fait, il y a quelques temps, Beau- « douin, de sainte mémoire, autrefois évêque de Noyon. Mais, « parceque nous sommes obligés de nous acquitter de la charge « qui nous a été commise, de manière que nous ne détruisions « pas ce qui a été établi par nos prédécesseurs, et que nous « ne nous opposions en quoi que ce soit aux instructions des « saints pères, ils ne doivent pas trouver mauvais, si nous n'avons « pas eu égard à leurs prières, puisque nous ne l'avons pu faire « en sûreté de conscience. Car, quoique nous ayons souvent « vu des réguliers sortir de leur cloître pour monter aux dignités « ecclésiastiques, et passer de la contemplation à l'action, nous « n'avons, néanmoins, jamais lu et n'avons jamais ouï dire « qu'aucun chanoine régulier soit devenu séculier. C'est pour- « quoi, si nous n'acquiesçons pas en cette rencontre à vos prières, « parce que nous ne l'avons pu faire sans blesser l'honneur de « l'Église, vous ne devez pas le trouver mauvais ni en être fâché, « puisqu'il est écrit que celui qui, après avoir mis la main à la « charrue, regarde derrière lui, n'est pas propre au royaume de « Dieu, et nous lisons que la femme de Loth a été changée en « statue de sel pour avoir regardé derrière elle. C'est pourquoi « nous avertissons votre prudence, et nous vous mandons de « retourner au plus tôt dans votre Église et dans votre cloître, et,

« quittant entièrement le dessein qui vous inquiète, de vous « appliquer à servir le Seigneur avec attachement. Car nous « sentons pour vous une si grande ardeur de charité, et nous « nous reconnaissons si redevable aux personnes qui nous ont « prié, que nous vous eussions accordé, il y a déjà longtemps, « votre demande.

« Donné à Bénévent le 11 des ides de mars. »

(Alexandre III fut pape de 1159 à 1181.)

(3) PAGE 48.

Saint-Vaneng fut lieutenant ou gouverneur de cette partie de la Neustrie connue sous le nom de pays de Caux. Il aimait passionément la chasse, ce qui, cependant, ne l'empêchait pas d'avoir des sentiments de piété. On remarqua toujours en lui une grande dévotion pour sainte Eulalie de Barcelone. Une nuit, il crut entendre la voix de cette Sainte qui lui disait : *Il est plus facile à un chameau de passer par le trou d'une aiguille, qu'à un riche d'entrer dans le royaume de Dieu.* Peu de temps après, il quitta le monde et fonda dans la vallée de Fécamp une église en l'honneur de la Sainte-Trinité, avec un monastère de religieuses. Il y eut dans ce monastère jusqu'à trois cent soixante religieuses qui s'étaient partagées en chœur, afin que l'office fût célébré jour et nuit sans interruption. Saint-Vaneng mourut vers l'an 688.

(4) PAGE 62.

L'une des plus célèbres pièces rimées et dialoguées, qui, sous le titre de *moralités* et de *soties*, s'en allaient railler les mœurs du temps, est celle qui a pour titre *le Blasphémateur*. C'est la satire énergique de ce langage par jurons qui a infecté tout le moyen-âge, et qui depuis, à certaines époques, a été de nouveau le caractère distinctif d'un dandysme de mauvais aloi. Le diable vient conseiller au blasphémateur de se rendre à je ne sais quelle réunion de mauvais sujets, et de jurer sur tout, s'il veut avoir bon air.

Jure la mort de ton Jésus,
Le sang, les plaies, la passion;
Tes ennemys seront vaincuz
Et te donront laudation,
Car c'est belle opération
De jurer Dieu à chascun poinct;
C'est présent la vacation
D'ung homme qui veult estre craint.

Le blasphémateur suit si bien le conseil du diable, que tout en se levant, affaibli, chancelant, à chaque effort qu'il fait, un gros uron sort de sa bouche. Bientôt commence une longue orgie dans laquelle les blasphémateurs, y compris Briette, jurent, s'enivrent, et renouvellent sur un crucifix qui parle et qui se plaint, les injures et les barbaries exercées par les Juifs au Calvaire.

(5) Page 64.

Voici les couplets de cette chanson du crû, citée dans la notice de M. de Lioux:

Célébrons
La rare merveille,
Divin talisman
L'orgueil et la gloire de Ham.
Oui, chantons
Et vantons,
La chère oreille
Du bon capucin
Favorable aux vœux de l'hymen.

. . . .

. . . .

Fille de la Picardie
Venez au caveau de Ham,
Et l'église vous marie
Avant qu'il ne soit un an.
Ayez figure merveille
Bonne dot, et pour certain
Vous bénirez l'oreille,
L'oreille du capucin.

A la suite de ces couplets se placent naturellement les deux derniers vers de la chanson par laquelle fut à son tour chansonnée la fille du dernier *prince des sots*, devenu mère *sotte*, sans avoir passé par la bénédiction nuptiale :

Si jamais, d'en fin alle enfante
Les sots ne pariront-ils sitôt ?

(6) PAGE 67.

Avant l'auteur de ce livre, l'impartial et grave Mézerai s'était soustrait aux préoccupations de l'esprit dominant de son temps, pour ne voir que le côté vrai et philosophique des choses, et pour flétrir, comme il convenait, ces hommes qui faisaient alors du fanatisme de conservation religieuse, comme nous en voyons de nos jours qui font du fanatisme de conservation politique. Le passage de ce grand historien mérite d'être pesé.

« Les dépenses, dit-il, en parlant du roi Henri II, que lui firent faire ceux qui disposaient de sa faveur et de ses affaires, et dont ils convertirent une partie à leur profit, furent si excessives, qu'il surchargea le royaume de grands impôts et s'endetta de plus de 40 millions de livres. Avec cela, ils ruinèrent encore une grande quantité de familles par une damnable convoitise : « *c'est que l'invention des partis et monopoles n'étant pas lors tant en usage, ils se servirent d'une autre non moins pernicieuse, savoir de dénoncer les plus riches sous prétexte d'hérésie et autres crimes.* »

Mettez l'*opposition* politique à la place de l'hérésie religieuse, les *intelligents* à la place des *riches*, et vous aurez l'appréciation de l'habileté et de la loyauté gouvernementale de ce temps-ci. L'auteur de ce livre a donc eu raison de le dire, il n'y a que les noms de changé.

(7) PAGE 78.

Il ne faut point prendre trop à la lettre ce qui est dit sur la réception faite à cet empereur.

On lit en effet, dans les *Grandes Chroniques de Saint-Denis* et dans *Christine de Pisan*, qui ont donné de longs détails sur ce voyage, une preuve assez curieuse de la susceptibilité de l'étiquette dont fit montre le roi de France, et de l'importance que la royauté et les peuples, en ce temps, attachaient aux signes extérieurs, au symbole de la puissance, car le fait faisait supposer et soutenir le droit.

Sans doute Charle V reçut avec grand honneur l'empereur et son fils, Wenceslas, venus sous le prétexte d'accomplir un pèlerinage à Saint-Maur-les-Fossés. Mais il eut bien soin d'éloigner tout ce qui aurait pu faire attribuer à l'illustre voyageur, en sa qualité d'empereur, quelque apparence de souveraineté sur la France.

Quand l'empereur s'approcha de la capitale, le prévôt de Paris, le prévôt des marchands, le chevalier du guet avec une députation de bourgeois vinrent à sa rencontre. Hugues Aubriot, le prévôt des marchands d'alors, prit la parole et dit à Charles IV :

« Très excellent prince,

« Nous, les officiers du roy à Paris, le prévôt des marchands, « le prévôt de sa bonne ville, nous venons faire la révérence en

« vous offrant de faire votre bon plaisir ; et ainsi le veult le roy « nostre sire et le nous a commandé. »

« Et l'empereur mercia le roy et eulx gracieusement, et lors lesdits prévôts et échevins avec les bourgeois vinrent ensemble jusqu'à Paris, et estoient en sa compaignie tant d'officiers du roy, come de gens de la ville de Paris, quatre mille chevaux et plus ; et ainsi à compaignie vint ledit empereur à la chapelle Saint-Denis ; et là se fit descendre de sa litière en ung hôtel, et fut mis sur le destrier que le roy lui avoit envoyé, lequel estoit *morel* (bai-brun foncé) ; semblablement monta le roy des Romains sur y celui que le roy lui avoit envoyé, lequel estoit semblable *morel. Et* A PENSEMENT (avec intention) ajoutent les *Grandes Chroniques, le roy de France leur donna tout d'ung poil qui est la plus longue, à l'opposite du blanc pour ce que, ès coustume de l'Empire, les empereurs ont accoustumé de entrer ès bonne ville de leur empire, et qui sont de leur seigneurie sur un cheval blanc; si ne vouloit pas le roy qu'en son royaume il fist ainsi*, AFIN QU'IL NE PEUST ÊTRE NOTÉ A AUCUN SIGNE DE DOMINATION. »

(8) PAGE 116.

Il existe à la Bibliothèque royale un manuscrit de 1600, qui prétend que la grosse tour du château de Ham aurait été mal à propos appelée la tour du Connétable, parce qu'elle aurait été construite, non par le comte de Saint-Pol, mais par une Jeanne de Bourbon, abbesse des Cordelières. La preuve qu'en donne ce manuscrit, c'est que sur la porte d'entrée au-dessous du mot MON MIEUX, se trouvent des houppes pendantes au bout du cordon entrelacé que portent les religieuses.

On ne sait vraiment pas si une pareille raison suffit pour controuver toutes les probabilités historiques, que présente la construction de la cour par le connétable, et si elle vaut la peine d'être réfutée. Entre un manuscrit isolé et une tradition populaire dont l'origine a une date certaine, il ne faut pas hésiter. Un manuscrit est l'œuvre d'un seul homme, d'un échafaudeur de paradoxes, peut-être, ou d'un pédant ou d'un étourdi; une tradition est plus que l'œuvre des générations successives d'un peuple, elle en est presque l'incarnation. D'un autre côté, si les houppes et les cordons sont les armes parlantes d'une abbesse de Bourbon, le mot MON MIEUX, est bien le mot de l'humeur du comte de Saint-Pol. Comment se ferait-il donc que, dans une construction faite par elle, une abbesse de la famille de Bourbon eût conservé le mot d'un membre de la maison de Luxembourg, avec laquelle nul lien de sang ou d'alliance ne la rattachait? Avec une Jehanne de Bourbon, la conservation du mot *mon mieux* reste donc sans explication; tandis qu'avec le comte de Saint-Pol, les houppes pendantes s'expliquent, ou tout au moins peuvent s'expliquer, par leur emploi dans les armes du connétable comme support. Les houppes, que l'on prend pour un cordon de religieuse, peuvent aussi bien être prises pour les glands d'un cordon, entrelacé à la garde ou au ceinturon d'une épée. Mais il y a une raison plus concluante encore. Pour adopter l'opinion du manuscrit de 1600, il faudrait qu'une Jehanne de Bourbon eût été d'abord abbesse de Cordelières, et en même temps châtelaine de Ham. Or, à cette supposition il n'y a qu'un petit inconvénient historique; c'est que, depuis que Ham a été possédé par la maison de Vendôme, il n'a jamais appartenu en propre à des femmes; et que même parmi toutes les femmes de la maison de Luxembourg, et ensuite de la maison de Bourbon, on n'en connaît que deux, qui soient entrées dans le cloître. C'est Philippine de Luxembourg, abbesse de Moncel, près Pont-Saint-Maxence, et Jeanne de Luxembourg, novice en l'abbaye de Gand le 24 septembre 1475. Toutes les deux étaient filles du connétable de Saint-Pol. Mais on sait que ce n'est point à elles qu'échut la seigneurie de Ham, et cela pour deux bonnes raisons : la première, c'est qu'elles étaient religieuses; la seconde, c'est qu'elles avaient un frère aîné, Pierre de Luxembourg, deuxième du nom, qui hérita des titres et des biens de son père.

L'auteur de ce livre a donc mieux aimé s'en tenir à la tradition des habitants de Ham, qui a pour elle les conclusions de la logique et les présomptions de l'histoire.

(9) PAGE 147.

M. de Las Cazes, élève à l'École militaire de Paris, mais un an plutôt que Napoléon, et qui à son retour de l'émigration avait pu causer de lui avec ses maîtres, qui lui avaient été communs, raconte ce qui suit, au sujet de l'opinion de l'Empereur sur le connétable de Bourbon :

« M. de l'*Eguille*, notre maître d'histoire, se vantait que si l'on voulait aller rechercher dans les archives de l'École militaire, on y verrait qu'il avait prédit une grande carrière à son élève, en exaltant dans ses notes la profondeur de ses réflexions et la sagacité de son jugement. Il me disait que le Premier-Consul le faisait venir souvent à déjeûner à la Malmaison et lui parlait toujours de ses anciennes leçons : — « Celle qui m'a laissé le plus « d'impressions, lui disait-il une fois, était la révolte du conné- « table de Bourbon, bien que vous ne la présentassiez pas avec « toute la justesse possible. A vous entendre, son grand crime « était d'avoir combattu son roi ; ce qui en était un assurément « bien léger, dans ces temps de seigneuries et de souverainetés « partagées, vu surtout la scandaleuse injustice dont il avait été « victime. *Son unique, son grand, son véritable crime, sur* « *lequel vous n'insistiez pas assez, c'était d'être venu avec les* « *étrangers attaquer son sol natal.* »

« Napoléon, en ces quelques mots, a marqué la ligne qui sépare le fétichisme et la religion, le royalisme et le patriotisme, les *Idées Napoléonniennes*, enfin, des vieilles idées qui ont mené la société et la politique depuis quatorze siècles. Les vieilles idées tendaient à faire des valets, des courtisans, des *royalistes;* les nouvelles doivent faire des citoyens, des patriotes, des Français, et cela est juste, car les rois et les dynasties disparaissent et la France reste toujours la France. Les intérêts des premiers sont passagers, les intérêts de la seconde sont permanents. La France donc toujours! avant un homme, avant une dynastie! ceux-ci le plus souvent, hélas! se soucient peu de l'avilir et de la vendre à l'étranger, pourvu qu'ils règnent!

(10) PAGE 161.

Ce fragment sur le siége de Saint-Quentin est extrait d'une courte notice de 30 pages, imprimée à Noyon et publiée sur le château de Ham, par M. C. de Lioux, capitaine adjudant-major au 16e régiment d'infanterie légère, membre correspondant de la société des antiquaires de France.

L'auteur de ce livre a emprunté à la même notice la relation du siége de Ham par l'armée de Henri IV, et de la mort de d'Humières, que l'on trouvera à la page 187.

(11) PAGE 212.

Voici la lettre que, déjà maître de Paris, et forcé de réduire, à prix d'or ou par les armes, les grands seigneurs de la Ligue, Henri IV écrivait à Sully :

« Je vous veux bien dire l'état où je me trouve réduit, qui est « tel que je suis fort proche de l'ennemi et n'ai quasi pas un che- « val sur lequel je puisse combattre, ni harnois complet que je « puisse endosser. Mes chemises sont toutes déchirées, mes « pourpoints troués au coude, ma marmite souvent renversée, et « depuis deux jours je dîne et je soupe chez les uns et chez les « autres; mes pourvoyeurs, disant n'avoir plus moyen de rien « fournir pour ma table, d'autant plus qu'il y a plus de six mois

« qu'ils n'ont reçu d'argent. Pourtant, jugez si je mérite d'être « ainsi traité, et si je dois plus longtemps souffrir que les finan- « ciers et trésoriers me fassent mourir de faim, et qu'eux tiennent « des tables friandes et bien servies; que ma maison soit pleine « de nécessités, et les leurs de richesse et d'opulence, et si vous « n'êtes pas obligé de venir loyalement à mon secours, comme je « vous prie. »

On voit bien, par cette lettre, que ce bon Henri IV n'était point un roi constitutionnel, et qu'en Sully il n'avait point un de ces ministres qui par des *recensements* ont le talent d'arracher à l'impôt plus même qu'il ne peut rendre, sans ruiner le pays tout entier.

(12) PAGE 215.

Voici, pour compléter ce qui a été dit sur Vadé dans ce livre, les extraits de quelques biographies :

« Vadé (Jean-Joseph), était né en janvier 1720.

« Il remplissait à Soissons en 1739 une place de contrôleur des « vingtièmes. Il revint à Paris en 1743, et fut attaché en qualité « de secrétaire au duc d'Agénois. En 1745, il eut l'emploi de « contrôleur des vingtièmes à Paris. Dès l'année 1752 la burles- « que originalité de ses ouvrages lui valut une sorte de célébrité. « Il eut même quelque temps l'honneur d'être le poète à la mode. « Malheureusement sa santé, altérée par des excès de jeunesse, « ne lui permit pas de fournir une longue carrière, et il mourut à « Paris, le 4 juillet 1757, des suites d'une opération à la vessie. « Il avait à peine 37 ans. Ce poète, qui suppléait à son défaut « absolu d'instruction par de la gaieté et de l'esprit naturel, dut « en grande partie sa réputation à des circonstances qui n'exis- « tent plus, et dont la classe inférieure de la société ne conserve « très heureusement qu'une faible tradition. Les femmes de

« la halle avaient autrefois le singulier privilége d'injurier (1) impunément tous les acheteurs, et même les passants dans ce qu'on appelait l'idiome *poissard*, langage grossier, mais énergique, dont le peuple et certains amateurs faisaient par plaisir une étude. C'était, pour quelques observateurs des mœurs publiques, un objet de curiosité que l'extrême volubilité avec laquelle ces femmes déployaient dans leurs disputes toutes les richesses de leur *sottisier*. Notre poète se plut à fréquenter les guinguettes et les marchés de Paris, pour y étudier ce genre d'éloquence; et comme il s'avisa le premier d'en faire usage dans des pièces de vers, il fut proclamé justement l'inventeur de la littérature poissarde. La vérité est qu'il s'était parfaitement pénétré de l'esprit de ses personnages, et qu'habitué à jouer lui-même dans des salons les scènes, dont il avait été si souvent le témoin à la place Maubert, il était devenu par ce moyen un plaisant de profession, dont les gens riches payaient les facéties par de bons dîners.

« On parle beaucoup moins des ouvrages que Vadé composa dans un style plus relevé.

« Quelques-uns pourtant, entre autres, le *Suffisant* et le *Trompeur trompé*, opéras-comiques, ne sont pas sans mérite. On cite encore ses chansons *Sous un ombrage frais*, *Vous boudez, vous gardez... Une fille qui toujours sautille*, et surtout la suivante, qui était dans toutes les bouches :

« Je suis un Narcisse nouveau
« Qui s'aime et qui s'admire,
« Mais dans le vin et non dans l'eau
« Sans cesse je me mire.
« En y voyant le coloris
« Qu'il donne à mon visage,
« De l'amour de moi-même épris,
« J'adore mon image.

(1) Le véritable mot était *engueuler*.

« Du reste, tous ses contemporains font l'éloge de son cœur « et de son caractère ; il était doux, poli, jovial, obligeant, et ce « n'était pas uniquement comme *plaisant de société* qu'il était « recherché dans le monde. Ses œuvres ont été recueillies en « 4 vol. in-8°, puis en 6 vol. in-12. Ses pièces de théâtre sont « au nombre de vingt : *La Fileuse*, parodie d'Omphale ; *le* « *Poirier*, opéra comique ; *le Rien*, parodie ; *les Troqueurs*, « opéra comique ; *le Trompeur trompé*, opéra comique ; *Il était* « *temps*, parodie ; *la nouvelle Bastienne*, opéra comique ; *la* « *Fontaine de Jouvence*, grand ballet du célèbre danseur « Noverre, entremêlé de chants ; *le Bouquet de roi*, opéra co- « mique ; *les Troyennes en Champagne*, opéra comique ; « *Jérôme et Fanchonnette*, pastorale ; *le Confident heureux*, « opéra comique ; *Folette ou l'Enfant gâté*, parodie ; *Nicaise*, « opéra comique ; *les Racoleurs*, opéra comique ; *l'Impromptu* « *du cœur*, opéra comique ; *le Mauvais plaisant ou le Drôle* « *de corps*, opéra comique ; *la Veuve indécise*, parodie de la « Mère coquette (ouvrage posthume) ; *la Canadienne*, comédie « en un acte et en vers (ouvrage posthume). Ses autres produc- « tions sont *la Pipe cassée*, poème épi-tragi-poissardi-héroï- « comique, des bouquets poissards, les lettres de la Grenouil- « lière, des épîtres en vers, des madrigaux, des fables, des « chansons et des amphigouris. Ce poète a été lui-même le « sujet de deux pièces, qui furent jouées avec succès, il y a « environ quarante ans, l'une au théâtre *Favart*, sous le titre « de *Vadé chez lui*, l'autre, au théâtre des *Troubadours*, sous « le titre de *Vadé à la Grenouillère*.

« Vadé avait laissé son nom à une fille naturelle qui débuta « dans la tragédie au Théâtre-Français, en 1776, et qui mourut « en 1780, d'une fluxion de poitrine. Voltaire a publié un certain « nombre de pamphlets facétieux sous les noms supposés de « Guillaume et de Jérôme Vadé. Personne n'a été dupe de cette « ruse, dont le patriarche de Ferney faisait sans scrupule un « fréquent usage.

« Le succès des *contes* du pseudonyme Guillaume Vadé fut

« très grand. Le libraire qui vendait alors les œuvres de Jean-« Joseph, imagina de mettre en titre à des exemplaires du « quatrième volume : *Contes de Jean-Joseph Vadé,* pour ser-« vir de tome second à ceux de *Guillaume Vadé*, 1765, in-8°. « Les trois pièces sont une historiette en prose et deux contes « en vers ; le reste du volume, à partir de la page 33, contient « des épîtres, des fables, des chansons, *le cantique*, si connu, « *de Saint-Roch, le cantique de Saint-Hubert, des amphi-« gouris*, etc., etc.

L'année littéraire, 1757, contient un éloge de Vadé par Fréron, qui déclare avoir été lié d'amitié avec lui.

Voici les vers que Dorat, appelé par le poète Lebrun *le ver luisant du Parnasse*, a consacrés à Vadé dans son poème de *la Déclamation :*

« Vadé, pour achever ses esquisses fidèles,
« Dans tous les carrefours poursuivait ses modèles,
« De ce costume agreste ingénu partisan,
« Interrogeait le pâtre, abordait l'artisan.
« Jaloux de la saisir sans muse et sans parure,
« Jusques aux Porcherons il chercha la nature.
« Était-il au village? il en traçait les mœurs,
« Trinquait, pour mieux les peindre, avec des racoleurs,
« Et changeant chaque jour de ton et de palette,
« Crayonnait sur un port Jérôme et Fanchonnette. »

(13) Page 231.

En 1837 ou en 1838, la voûte supérieure de la tour du connétable s'écroula et écrasa les deux voûtes inférieures. En 1841, la reconstruction en fut ordonnée ; quand le prince Napoléon arriva à Ham, les officiers du génie étaient en grande peine, pour faire arriver à la voûte qui soutient la plate-forme une énorme pierre, pesant plusieurs milliers, qui devait lui servir de clef. On avait eu, mais sans succès, recours à une grande complication de machines et de rouages. Témoin de ces efforts impuissants, le prince Napoléon fait parvenir quelques courtes instructions sur un procédé simple et facile au garde du génie qui se désolait, et en moins de deux heures l'énorme monolithe arriva majestueusement au sommet, enlevé par les efforts de deux ou trois hommes seulement.

L'auteur de ce livre tient ses renseignements du garde du génie lui-même, homme fort distingué au demeurant, qui honore sa capacité reconnue par cet acte de loyauté et de modestie.

(14) PAGE 252.

Avant d'amnistier, comme Consul, les naufragés de Calais, Napoléon avait déjà, comme général d'artillerie, sauvé des émigrés pris dans les mêmes conditions de mauvaise fortune. Voici ce qu'on lit dans le *Mémorial* de M. de Las Cazes :

« On sait quelle était la férocité du temps (époque du siége de « Toulon). Elle s'était accrue sous les murs de Toulon, par « l'agglomération de plus de deux cents députés des associations « populaires voisines qui y étaient accourus et poussaient aux « mesures les plus atroces. Ce sont eux qu'il faut accuser des « excès sanguinaires dont tous les militaires gémirent alors. « Quand Napoléon fut devenu un grand personnage, la calom- « nie essaya d'en diriger l'odieux sur sa personne. — « *Ce serait* « *se dégrader que de chercher à y répondre*, » disait l'Empe- « reur. Et, bien au contraire, l'ascendant que ses services lui « avaient acquis dans l'armée, ainsi que dans le port et l'arsenal « de Toulon, lui servirent à quelque temps de là à sauver des « infortunés émigrés, du nombre desquels était la famille *Cha-* « *briant*, que la tempête ou les chances de la guerre « avaient jetée sur la plage française : on voulait les mettre à « mort sur ce que la loi était positive contre tout émigré qui ren- « trait en France. Vainement disaient-ils pour leur défense

» qu'ils y étaient venus par accident, contre leur gré; qu'ils de-
« mandaient pour toute grâce qu'on les laissât s'en retourner;
« ils eussent péri si, *à ses risques et périls*, le général d'artil-
« lerie n'eût osé les sauver en leur procurant des caissons ou un
« bateau couvert qu'il expédia au dehors, sous prétexte d'objets
« relatifs à son département.

« Plus tard, sous son règne, ces personnes ont eu la douceur
« de lui parler de leur reconnaissance et de lui dire qu'elles con-
« servaient précieusement l'ordre qui leur avait sauvé la vie. Ce
« fait, vérifié auprès des personnes même qui en avaient été l'objet,
« s'est trouvé non-seulement de la dernière exactitude, mais a
« fourni encore des détails infiniment touchants que Napoléon
« semblait avoir oubliés, les ayant négligés dans ses conversa-
« tions. »

(15) Page 282.

« Je me trouvai à Sens le 15 août (dit la reine Hortense) : il faisait un temps superbe, on lançait un ballon dans une petite promenade où toute la ville était réunie.

« J'y allai après mon souper, et, selon mon habitude de trouver une sorte de satisfaction à m'identifier avec les intérêts des plus malheureux, je m'assis sur un banc de pierre, à côté d'une marchande de *plaisirs*. Elle attirait les passants avec une roue de fortune qui donnait autant de gâteaux qu'en marquait le sort. Mon fils s'amusait à la questionner ainsi que son mari; celui-ci, moins occupé de sa vente, nous raconta que les habitants de Sens, au commencement de la révolution, lui avaient monté la tête pour la république, qu'il s'était fait soldat; que, blessé à l'armée, il n'avait pu continuer de servir, et qu'on lui avait donné une pension. Il ajouta : « Sous Bonaparte, on m'en avait ôté le
« tiers. — Alors vous ne devez pas l'aimer, disait mon fils? —
« Oh! que si! c'est égal : dans ce temps, voyez-vous, tout le
« monde *fleurissait;* il n'en est pas de même à présent. Vous

« voyez ce que je vends ! eh bien ! tous les dimanches, alors, « je vendais quatre fois davantage. (1) »

« Petit à petit, nous entrions plus avant dans la confiance de M. et Mad. Abate, c'était le nom de nos nouvelles connaissances. Nous fûmes bientôt au fait de toutes leurs affaires ; ce qui ajoutait à la considération pour nous, c'est que mon fils doublait la portion de *plaisirs* que venaient acheter de jeunes écoliers, de jeunes ouvrières et de vieux invalides. Vendeurs et acheteurs y gagnaient également. Cependant, une jeune fille vint causer à notre couple un grand désappointement en demandant un gâteau qu'ils n'avaient pas. Cette humiliation, faite devant nous, leur fut sensible, et pour l'effacer à nos yeux, ils nous détaillèrent longuement la manière dont se faisait ce gâteau qu'ils connaissaient parfaitement ; et tout en se récriant beaucoup sur le mauvais goût de ceux qui pouvaient en manger, ils finirent pourtant par avouer qu'ils pourraient très bien en faire, si le four nécessaire ne leur manquait... Il fut facile (ajoute simplement la reine qui semble ne pas se douter qu'elle et son fils faisaient une bonne action), il fut facile de ne pas le leur laisser désirer longtemps.

« Je ne puis dire, ajoute-t-elle, combien je trouvais d'intérêt à étudier de si près les mœurs populaires ; quand je me rappelais la France avant le règne de l'Empereur, la triste et malheureuse position du peuple alors, et qu'un paysan exprimait si bien au général Bonaparte à son retour d'Egypte en lui disant : « Ah ! que vous avez bien fait de revenir, général, ils nous grugeaient tous, » et quand je songeais à ce temps de l'Empire, temps de prospérité dont le peuple se souvient encore, parce que confiant dans l'homme auquel il avait remis ses pouvoirs et son sort, il ne fut pas trompé dans son attente, et reçut amélioration dans le présent et sécurité pour l'avenir ; quand je me rappelais ce progrès si marqué, j'étais étonnée maintenant de ne pas revoir ce

(1) Ce brave homme qui parlait ainsi en 1821... que dirait-il aujourd'hui avec le recensement, l'embastillement, le droit de visite, les faillites et la banqueroute au bout.

peuple, après 16 années de paix et d'abondance, plus instruit, plus heureux... Comme en Suisse, en Allemagne, je cherchais dans chaque village une école, un hôpital; c'était en vain. Je retrouvais le peuple toujours gai, laborieux, résigné, mais plus misérable peut-être! Comment ne regretterait-il pas celui qui, seul, avait compris et avait commencé à mettre à exécution tout le bien qu'on pouvait lui faire? et comment ceux qui dénigrent encore le règne de l'Empereur et cherchent de l'intrigue dans l'amour qu'il inspire, ne vont-ils pas interroger ce peuple et recevoir l'explication de l'affection qu'il lui conserve? Ah! pourquoi quinze ans de paix, avec des finances laissées dans un état prospère, et le maintien d'énormes impôts n'ont-ils pas servi à soulager cette portion si intéressante de la nation, ce peuple pour qui tout est privation? »

Douze années de paix ont été ajoutées depuis à ces seize années dont parle la reine Hortense; les impôts énormes ont été maintenus, on en a même inventé de nouveaux, plus énormes encore..., et, bien loin d'en avoir été soulagé, le peuple français en a marché plus vite à son abaissement et à sa ruine!

(16) Page 286.

Voici dans quels termes il était rendu compte de cette colère et de cet enthousiasme de fonctionnaire bien pensant et bien pensionné dans le numéro du samedi 25 septembre 1841, du *Franc Picard*, l'un de ces spirituels et incisifs journaux de province, qui viennent en aide au *Charivari* et au *Corsaire*, en sifflant à outrance les ridicules et la bouffonne importance des dévoués au budget que l'État entretient dans les provinces.

LE RECTEUR ET LES MÉDAILLES DU PROSCRIT.

(*Histoire contemporaine.*)

« Je ne vous dirai pas qu'il y avait une fois, mais bien qu'il y aujourd'hui un recteur d'académie qui est devenu recteur sans que l'on sache trop comment, ni pourquoi, sans qu'il le sache bien lui-même, l'honnête homme ! ce qui ne l'empêche pas d'administrer et de toucher régulièrement ses appointements, ainsi qu'il sied à tout bon et digne fonctionnaire. Il trône d'ailleurs, à l'occasion, tout aussi bien qu'un autre, écrit et parle bas tout-à-fait comme un autre, mais en revanche applaudit beaucoup mieux qu'aucun autre. Sa spécialité c'est l'applaudissement — à l'usage exclusif des puissants du jour, bien entendu, et quelque peu aussi, par prévoyance, à l'usage de ceux qui menacent d'être les puissants de demain.—Recteur par hasard, fournisseur de bravos par goût, son nom, nous aurons la discrétion de le taire : vous saurez seulement, lecteur trop curieux, que c'est l'homme de France qui grasseye le mieux un madrigal à l'oreille d'une femme. Qui sait ? c'est peut-être pour cela qu'on l'a fait chef de l'instruction dans trois départements. Homme du monde et homme public, il passe au ministère pour fort aimable, et dans les salons pour suffisamment habile, partout pour très prudent et fort craintif de se compromettre en politique.

« Or, voici ce qui lui advint il y a peu de jours.

« Parmi ses subordonnés se trouvent quelques instituteurs, lesquels, eux, sont devenus instituteurs, comme tout le monde, par le travail. Braves gens, du reste, s'occupant un peu de leurs intérêts, beaucoup de leurs élèves, et fort peu des événements politiques : citoyens modèles, qui ne se sont jamais avisés de vouloir être quelque chose dans l'État, sous prétexte qu'ils savent quelque chose ; des hommes comme ceux-là, on peut le parier à coup sûr, ne deviendraient jamais recteurs et académiciens !

Or, depuis quelques mois, un jeune prince à qui l'on avait fait croire qu'il suffit encore en France du prestige d'un grand nom pour opérer une révolution, expie l'ambition de son entourage dans une forteresse étroitement gardée.

« L'un de ces honnêtes instituteurs s'avisa de penser que, pour être proscrit, le prisonnier n'en portait pas moins le plus noble nom qui soit au monde, et que lui demander une marque d'intérêt pour ceux de ses élèves dont on couronnerait le travail et les efforts, serait rendre au malheur un hommage qui ne soulèverait les susceptibilités de personne. Le prince consentit, envoya quelques médailles d'honneur, qui furent distribuées sans qu'aucune des autorités de la ville songeât à faire acte de dévouement et de courtisanerie en manifestant la moindre velléité d'opposition.

« Tous les hommes sont plus ou moins *moutons de Panurge*. Quand les confrères de l'instituteur en question surent la faveur qu'il avait sollicitée et obtenue, ils avisèrent qu'il serait dangereux de rester en arrière. Donc, nouvelles pétitions, nouvelles médailles et nouvelles distributions.

« Tout se sait, et quoique fonctionnaire et payé pour tout savoir, le recteur dont il s'agit finit, tant il est habile ! par apprendre..... ce que tout le monde savait depuis longtemps. Grand fut son courroux ! Un de ses inférieurs avait osé avoir une idée qu'il n'avait pas eue, lui, une idée sans avoir au préalable obtenu per. mission, et qu'elle idée ! ¡Qu'en pensera M. le préfet? et M. l'inspecteur général ? et M. le ministre ? Grand Dieu ! On n'aurait qu'à s'imaginer que dans son académie *l'impérialisme* coule à pleins bords. Notre homme en a le froid de la peur, et il entrevoit une destitution au bout du scandale ainsi donné à la France, à l'Europe, au monde, dans un modeste chef-lieu de canton.

D'une main tremblante, moitié de crainte personnelle, moitié d'émotion dynastique, il avait déjà saisi la plume inoffensive qui a tracé tant d'allocutions « aux jeunes élèves, » et il s'apprêtait à fulminer un réquisitoire universitaire, quand il se prit à songer que sa parole serait bien autrement puissante encore que sa plume. Alors, au lieu de prendre celle-ci, il prit la poste ; ce qui est vraiment fâcheux pour le public, lequel a ainsi perdu une de ces élucubrations que M. le recteur conte si bien.

« Il arrive à Ham, comme un foudre de guerre, et fait incontinent sommer les autorités de lui venir, *en son hôtel*, rendre compte de leur conduite. Ce sans façon, passablement leste, eut un médiocre succès. On répondit que ce serait toujours avec un nouveau plaisir qu'on verrait M. le recteur *à la mairie*. —

Froissé de ce côté, il se retourne alors d'un autre, et il mande par-devant lui les cinq fauteurs d'anarchie.

« — Messieurs, y avez-vous bien songé ?

Les coupables regardent leur chef, puis se regardent entre eux comme pour se demander : Que diable est-ce qu'il a donc ?

« — Y avez-vous bien songé ?

« — A quoi ? hasarde le plus audacieux.

« — Et votre serment ! et votre devoir ! disait tout haut le fonctionnaire irrité. Et ma place ! pensait-il tout bas.

« — Eh bien ! balbutie le second accusé.

« — Comment avez-vous pu ?... Le ministre... le roi... Jeunes insensés..... (Voir la *Presse* ou le *Glaneur*.)

« — Mais nous ne comprenons pas ! exclament tout d'une voix les cinq malheureux instituteurs.

« — Est-ce possible ? Ne me pas comprendre !

« Il fallut bien pourtant se rendre à l'évidence, et le recteur daigna dire, de sa propre bouche, à ses subordonnés : Allez en paix, mais ne péchez plus, et surtout retirez des mains de vos lauréats ces médailles anti-dynastiques.

« De grand cœur les cinq innocents auraient promis de ne plus pécher, et de plus grand cœur encore ils s'en seraient allés ; mais ils ne pouvaient vraiment pas reprendre ce qu'ils avaient donné. Ils tâchèrent de faire entendre à leur chef que son zèle l'entraînait trop loin : à quoi il répondit qu'on ne pouvait avoir trop de dévouement au pouvoir qui avait fait de lui un recteur. Ce doit être, en effet, un pouvoir bien habile que celui-là. — Ma foi, Monsieur, essayez vous-même, finit par s'écrier un des instituteurs.

« Le recteur s'arrête alors, se gratte le front et finit par s'en retourner comme il était venu, ne voulant pas prendre pour son compte la sottise qu'il voulait imposer aux autres.

« Il s'est peut-être dit, en songeant au jeune prétendant : Eh ! Eh ! qui sait ? »

(17) PAGE 296.

En 1815, l'Empereur permit à la duchesse d'Orléans et à la

duchesse de Bourbon de rester en France ; la première était la mère et la seconde la tante du roi Louis-Philippe. L'Empereur fixa à la première *quatre cent mille francs* de rente, et *deux cent mille francs* à la seconde.

Nous croyons devoir donner ici — comme document curieux pour servir à l'histoire des princes et des rois, à l'endroit de leur reconnaissance envers les services rendus, — les lettres dans lesquelles la mère et la tante du roi Louis-Philippe exprimaient à la reine Hortense, mère du prince Napoléon, leur gêne, leurs besoins, centime par centime, et leur gratitude et leur admiration pour le zèle compatissant que cette noble et charitable reine avait mis à obtenir de l'Empereur, pour leurs sollicitations, toutes les faveurs et générosités dont il est question dans cette correspondance.

« Madame,

« L'obligeance que Votre Majesté a bien voulu me faire « témoigner m'inspire la confiance de la réclamer pour obtenir « de l'Empereur une décision *qui m'est si nécessaire et si « pressante dans la cruelle position dans laquelle je me « trouve*. J'aurais craint de fatiguer Sa Majesté l'Empereur, en « lui retraçant les motifs propres à émouvoir sa magnanimité ; « j'aime à me persuader *que les bons offices de Votre Majesté « produiront cet effet*, et qu'elle voudra bien rendre justice à « la reconnaissance,

« Madame,

« de votre servante

« Louise-Marie-Adélaïde de Bourbon,

« Douairière d'Orléans. »

Ce 28 mars 1815.

« Madame,

« L'intérêt dont Votre Majesté a bien voulu me réitérer le « témoignage, dans son aimable lettre du 29 mars, me confirme

« dans l'espoir que l'Empereur *adoucira bientôt ma si cruelle* « *position*, le ministre des finances l'ayant mise sous ses yeux. « Il sera bien consolant pour moi de devoir *à la générosité de* « *l'Empereur, et à votre obligeante entremise*, d'obtenir ce « que ma position, *dont je ne saurais assez vous exprimer la* « *gêne*, sollicite instamment.

« Agréez encore une fois, Madame, l'expression des senti- « ments qu'offre

« à Votre Majesté

« Sa servante

« Louise-Marie-Adélaïde DE BOURBON PENTHIÈVRE,

« D. D. d'Orléans. »

Ce 2 avril 1815.

« Madame,

« Je suis vraiment affligée que le mauvais état de ma santé « me prive d'exprimer à Votre Majesté, comme je le voudrais, « ma sensibilité à l'intérêt qu'elle a témoigné à ma position. « Elle est encore bien pénible, ma jambe ne prenant aucune « force. *Mais je ne veux pas différer d'exprimer à Votre* « *Majesté et à Sa Majesté l'Empereur, auprès duquel j'ose* « *vous prier d'être mon bon interprète, les sentiments dont* « *fait profession*,

« Madame,

« de Votre Majesté

« la servante,

« Louise-Marie-Adélaïde DE BOURBON PENTHIÈVRE,

« D. D. d'Orléans. »

Ce 19 avril 1815.

« Madame,

« Vous avez bien voulu me faire offrir votre médiation auprès « de S. M. l'Empereur, pour obtenir l'*autorisation de rester en*

« *France, et un traitement convenable pour y subsister.* Je « sais, Madame, ce que vous avez déjà fait auprès de Sa Majesté, « et que *c'est en grande partie à votre intérêt que je dois les* « 200,000 *fr. de rente* qu'elle a eu la bonté de m'accorder. Mais, « sur cette somme, le ministre des finances me dit que j'en dois « distraire celle de 50,000 fr. en faveur de mes frères naturels « reconnus par mon père, ce qui réduirait mon traitement « annuel à 150,000 fr. *Vous trouverez sûrement, Madame, cette* « *somme bien modique eu égard à mes obligations et à la né-* « *cessité où je suis de me former un établissement en entier,* « *n'ayant ni habitations, ni meubles,* etc., etc.

« J'avais, à la vérité, supplié Sa Majesté d'assurer à chacun de « ces messieurs 25,000 fr. par an, comme étant la seule dette « morale dont je me crusse tenue; mais, outre que j'avais pensé « que cette dette n'aurait pas dû être prise sur mon traitement « de 200,000 fr., je regardais comme important pour eux de « leur assurer le même revenu dans le cas où je viendrais à mou- « rir avant eux. Je viens donc vous prier, Madame, d'appuyer au- « près de l'Empereur la demande que j'ose lui faire, et qui, « j'espère, ne peut vous paraître déraisonnable. *C'est une nou-* « *velle obligation que je vous aurai.* Je joins ici une copie de la « lettre que j'écris à Sa Majesté, et qui doit lui être remise par » son ministre de la Police.

« Agréez, Madame, l'assurance des sentiments les plus distin- « gués que je vous prie de recevoir.

« L. M. J. J. D'ORLÉANS-BOURBON. »

21 avril 1815.

« Madame,

« *Je suis bien touchée de votre obligeance,* et j'ai toute con- « fiance dans le désir que vous me témoignez ; il me semble « difficile que l'Empereur refuse une demande, j'ose le dire, aussi « juste, *lorsqu'elle est présentée par vous.* Croyez, Madame,

« *que ma reconnaissance égalera* les sentiments dont je vous « prie de recevoir d'avance les témoignages bien sincères.

« L. M. J. B. D'ORLEANS-BOURBON. »

Ce 29 avril 1815.

Trois mois plus tard, la reine Hortense reçut pour témoignage de reconnaissance, de la part des membres de la famille des Bourbons, l'ordre de sortir pour jamais de France, elle et ses enfants. Cet ordre fut bientôt converti en une loi de bannissement perpétuel. On sait aujourd'hui comment les ministres des fils, petit-fils, neveu et petits-neveux de la duchesse douairière d'Orléans et de la duchesse d'Orléans-Bourbon, paient dans le château de Ham au fils de la reine Hortense ce que cette reine fit obtenir à *leur mère, grand'mère et grand'tante.*

TABLE.

TABLE.

CHAPITRE Ier.

Le comte Herbert de Vermandois.

II.

Seigneurs et Abbés.

Mort du jeune Louis V, dit *le fainéant*. — Calomnie historique. — Simon, souche des seigneurs de Ham. — Hérédité des filles. — Le châtelain Odon Ier, Raoul de Péronne et Louis-le-Gros assiégent Thomas de Marle dans son château de Coucy. — La porte *Maistre-Odon*. — Hugues de Ham au siége d'Andrinople. — Hommage à grande et petite force. — Humeur pacifique des seigneurs de Ham durant la turbulence de l'époque Capétienne. — L'an mil. — L'esprit de l'Église au XIe siècle. — Influence des croisades sur la civilisation. — Affranchissement des communes. — Charte de Ham en 1181. — Donations et fondations pieuses des seigneurs de Ham. — Collégiales. — Paroisses. — Abbés célèbres. — Bref du pape Alexandre III à un chanoine de Notre-Dame de Ham. — Incendie de cette église. — Tombeau d'Odon III. — Fête de saint Vaneng, patron de Ham.

III.

Soties, Légendes, Maléfices.

Pratiques et superstitions populaires. — Fête de l'Ane. — Abbé des Connards. — Les flagellants. — La fête des Fous. — Réaction de l'intelligence contre la force brutale. — Caricatures du Démon. — Les romans du *Renard*, de *Fauvel* et de *la Rose*. — La danse Macabre. — Les *soties* et les *moralités*. — Origine du vaudeville. — Prince des sots de Ham. — La pierre du capucin. — Dévotion des jeunes filles de Picardie. — Le chatelain Jean III poursuivi pour maléfices en 1350. — Sa délivrance. — Eternels secrets des passions mauvaises pour usurper le Pouvoir, suivant les temps. — Les noms changent mais les choses restent les mêmes.

IV.

Le sire Enguerrand de Coucy.

Extinction de la maison de Ham. — Ham cédé aux Anglais par le traité de Brétigny. — Patriotisme des provinces de France. — Comment les descendants de Hugues Capet refirent le territoire. — Funeste effet de la loi des fiefs sous la première race des Valois. — Ham passe dans plusieurs maisons — La seigneurie de Ham achetée par le sire de Coucy. — Grandes chevauchées du seigneur de Ham, sous les règnes de Charles V et de Charles VI. — Le sire du Bouziers défend la ville de Ham contre l'armée anglaise de Robert Knoles. — Duguesclin. — L'empereur Charles VI traverse la ville de Ham. — Le seigneur de Ham commande l'armée réunie à Harfleur pour une descente en Angleterre. — Le camp de Boulogne et le neveu de Napoléon. — Le seigneur de Ham au siége de Tunis et en Natolie. — Grandeur et puissance de la France en ce temps. — Honte du temps présent. — Fatalité et tristes retours de fortune. — Démence de Charles VI. — Mort du sire de Coucy.

V.

Robert de Bar.

Ham passe à la maison de Bar. — Convoitises de Louis Ier d'Orléans et de Valentine de Milan. — Ce prince achète la seigneurie de Ham. — Il est accusé d'avoir empoisonné Marie de Bar pour ne la point payer. — Ham réuni à la couronne en 1407. — *Je le tiens et je l'envie.* — Robert de Bar recouvre sa seigneurie. — La ville de Ham mise à sac et détruite en 1411 par les Bourguignons et les Flamands. — Six religieux. — Azincourt et Waterloo. — Obituaire de la vieille monarchie, de la république et de l'empire — *La France estropiée de ses plus nobles membres.*

VI.

Jean de Luxembourg.

Ham passe dans la maison de Luxembourg. — Mort de Charles VI.— Déchéances des races royales. — Parlements et factions de l'étranger.—Cours des pairs.— Charles VII proclamé roi. — Xaintrailles à Ham, qui arbore la bannière royale. — Ham repris et horriblement saccagé par son propre seigneur Jean de Luxembourg. — Causes de l'affaiblissement de la féodalité. — Sa ruine prochaine.

VII.

Le Connétable de Saint-Pol.

Louis XI. — Ham engagé au duc de Bourgogne par le traité d'Arras. — *La ligue du bien public.* — *Je l'ai empris.* — Les Parisiens friands d'offices. — Politique de Louis XI. — Le comte de Saint-Pol acheté par Louis XI, qui l'enlève au duc de Bourgogne. — Reconstruction du château de Ham. — *Mon mieux.* — Paix à tout prix. — *Libelles et épitaphes.* — Colère feinte de Louis XI. — Tradition de Ham. — La pêche empoisonnée servie à la dame de Montsoreau et au duc de Guyenne. — Opposition aux désirs du roi. — Défiance outrageante du connétable et entrevue avec Louis XI près de Noyon. — Perte du connétable résolue. — Le connétable livre la Picardie aux Anglais et joue tour-à-tour le roi de France, le duc de Bourgogne et le roi d'Angleterre. — Louis XI refuse de jurer par la croix de Saint-Lau. — Le connétable abandonné par le roi d'Angleterre, qui livre ses lettres, et enfin par le duc de Bourgogne, qui promet de le livrer lui-même. — Le connétable se rend à Mons. — Il est arrêté par ordre du duc de Bourgogne, conduit à Péronne, et de là à Paris. — Son procès. — Sa condamnation. — Sa mort en place de Grève. — Son talisman.

VIII.

La Maison de Vendôme.

Mort de Charles-le-Téméraire. — Pierre de Luxembourg à Gand auprès de Marie de Bourgogne. — Le duché de Bourgogne dans la maison d'Autriche. — Ham passe à la maison de Bourbon-Vendôme. — Régence de la dame de Beaujeu. — Action de la France en dehors de ses frontières. — François de Bourbon, comte de Vendôme et seigneur de Ham, accompagne Charles VIII dans la guerre d'Italie. — Sa mort. — Son tombeau. — Le duc de Vendôme, Charles de Bourbon, seigneur de Ham sous François Ier. — Grand homme de guerre et grand homme d'État. — Défaite de Pavie. — Le duc de Vendôme défend et sauve la Picardie en 1525. — Ham assiégé par les Anglais et défendu par Amé de Sarebruck. — Fin de la captivité de François Ier. — Patriotique et nationale assemblée des notables à Cognac pour maintenir l'intégrité du territoire. — Les Impériaux chassés de Péronne par le duc de Vendôme. — Ham passe à la maison de Navarre, de là à la couronne de France.

IX.

Siéges et Batailles.

François Ier et Charles Quint. — *Mathias vidit, Matthæus abstulit.* — Rupture de la paix de Cambrai. — Henri II envoie de Guise et une armée en

Italie.—L'amiral de Châtillon devant Douai. — La ville de Lens est forcée. — Fureur des Espagnols.—Siége de Saint-Quentin.—Bataille de Saint-Quentin ou de Saint-Laurent. — Mort de Jean de Bourbon-Vendôme. — Tache de feu. — Consternation et couardise des Parisiens malgré l'*embastillement* de Paris. — Prise de Saint-Quentin. — Prise de Ham. — Retour de Guise en France. — Calais et la reine Marie. — *La paix maudite.* — Remontrances de Brissac au roi Henri II. — Énergique et beau discours de Guise, ou modèle des discours à tenir aux rois qui abandonnent leurs alliés, et consentent à l'abaissement de la France. — Ah! misérable France, que de maux! – Le XVIe siècle. — La royauté, la féodalité et la démocratie. — Catherine de Médicis. — Mort de Henri III. — Henri IV, par son abjuration, sauve la France d'une féodalité nouvelle et de la domination étrangère. — Ham occupé par la ligue.— Mouy de Gomeron.— Perfidie de Fuentès. — Siége et prise de Ham par l'armée royale. — Mort de d'Humières. — L'arbre de Gomeron. — *Ham me coûte bien cher.* — *C'est la revanche de Ham !* — Le duc d'Aumale condamné à être écartelé. — Ham engagé à Mazarin et confié au maréchal d'Hocquincourt. — Bagages de Villars. — Panique de Ham en 1793, et déplorable expédition de nuit. — Le commandant Balson et sa belle capitulation en 1815, devant une armée de 30,000 Prussiens.

X.

Célébrités.

Dieu, la patrie, l'art. — Saint Gilbert, évêque de Meaux. — Jean de Bellins au concile de Latran. — François de Bourbon, comte de Saint-Pol. — Ses faits d'armes. — Antoinette de Bourbon, mère du grand duc de Guise. — Piége des états d'Orléans. — Les malcontents d'Amboise et les quarante ordinaires du château de Blois. — Le cardinal, archevêque de Bourbon, ou le Charles X de Mayenne. —La régence de Philippe d'Orléans et la société du XVIIIe siècle.— Vadé roi de la poésie des halles.— Origine du vaudeville et de l'opéra-comique. — Le général Foy. — Napoléon et la restauration. — Que dirait le général Foy aujourd'hui?

XI.

Prisonniers d'État.

Ham démantelé. — Ce qu'était le vieux château. — Oubliettes et tortures physiques. — Séjour des prisonniers depuis un siècle. — Les bénéfices sans l'odieux de l'échafaud. — Tortures morales. —

XII.

Le Prince Napoléon-Louis Bonaparte.

Paris. — Imprimerie d'A.-T. BRETON et Cie, rue Montmartre, 131.

www.ingramcontent.com/pod-product-compliance
Ingram Content Group UK Ltd.
Pitfield, Milton Keynes, MK11 3LW, UK
UKHW031831260826
14628UKWH00001B/327